MW01442735

LA PATRIA
QUE NOS DUELE

LA PATRIA
QUE NOS DUELE

Obra poética y narrativa de autores
colombianos en el exterior

Compilador
Janiel Humberto Pemberty

Prólogo
Michael Palencia Roth

Fundación
M
Memoria Cultural

LA PATRIA QUE NOS DUELE

ISBN: 9798841295242

Autores antologados
© Luis Carlos Fallon
© John Jairo Palomino Lozano
© Pilar Vélez
© Janiel Humberto Pemberty
© Consuelo Hernández
© Elvira Sánchez-Blake
© Julio C. Garzón

Colección de Autores Hispanos
Primera edición 2022
Fundación Memoria Cultural
Hallandale Beach, FL USA

Editor literario: Janiel H. Pemberty
Revisión de estilo: Elvira Sánchez-Blake
Diseño de la cubierta: Santiago Jaramillo Acosta
Diseño portada: Fabio Mesa – Obra: Humanos Optimistas II
Ilustraciones: Luis Domingo Rincón
www.lapatriaquenosduele.com

Publicación:
Fundación Memoria Cultural
www.MemoriaCultural.org
FundacionMemoriaCultural@hotmail.com

Impreso en los Estados Unidos

Todos los derechos reservados
Esta publicación no puede ser reproducida ni en parte ni en su totalidad por ningún sistema de recuperación ni información, en ninguna forma ni por ningún medio, sea mecánico, fotomecánico, electrónico, por fotocopia, o cualquier otro, sin el permiso previo y suscrito de la Fundación Memoria Cultural.

ÍNDICE

Prólogo Michael Palencia Roth 11

Introducción Janiel Humberto Pemberty 17

Luis Carlos Fallon 27

John Jairo Palomino Lozano 49

Pilar Vélez 77

Janiel Humberto Pemberty 111

Consuelo Hernández 155

Elvira Sánchez-Blake 179

Julio Garzón 221

Epílogo 239

Biografía de los autores 243

PRÓLOGO

VIVIMOS LEJOS DE NUESTRAS NOSTALGIAS

Nací en Girardot, el primogénito de Campo Elías Palencia y Shirley Roth de Palencia. En aquel entonces, mi papá tenía una finca de ganado y café en unas tierras no muy distantes del pueblo Nilo. Allí, en esa finca, pasé el primer año y medio de vida. No tengo recuerdos de ese tiempo, salvo de abrazos de mi papá y mamá y una vaga impresión de estar montado en silla en un caballo. Hacia finales de 1947, mi papá vendió la finca –desconozco el verdadero motivo– e intentó radicarse en los Estados Unidos, pero no lo logró. Después de El Bogotazo, regresó a Colombia y trató de establecerse en Barranquilla; tampoco lo logró, pues perdió el negocio. Nos quedamos en Barranquilla hasta 1951, cuando nos mudamos a Cali en donde pasé mi niñez y juventud. A veces se hablaba en la familia de emigrar a México, donde un hermano menor de mi papá había estudiado y entonces vivía, pero esas conversaciones nunca se concretaron.

En el Valle del Cauca, vivíamos de un pequeño trapiche de panela, de nombre San Miguel, a poca distancia del viejo aeropuerto, y allí iba con mi papá casi todos los fines de semana durante el año escolar. En otras épocas lo acompañaba con frecuencia a sus vueltas en Cali y Palmira. De adolescente, trabajé por él en un depósito de panela que él tuvo por unos tres años en el mercado que quedaba a dos cuadras del Hotel Aristi, en el centro de Cali. Así que crecí no solamente en la ciudad sino también en el campo. Crecí con mulas, con bagazo, con el olor de la caña y la panela, con trabajadores en la finca, con perros y caballos. En otra pequeña finca en la carretera al mar, jugaba entre arboledas y quebradas. Construía pueblitos y caminitos en la tierra colorada de los barrancos. Me imaginaba un *cowboy* o, con más frecuencia, un indio apache como en las películas. Así son algunas de mis nostalgias de niño y de muchacho.

Los niños suelen entender poco de lo que esté pasando en el país. Pero algo perciben. A los diez años, sentí la inseguridad de la vida al recibir la noticia de la muerte de mi muy querido tío Guillermo, en Cundinamarca, en circunstancias nunca aclaradas. Lo encontraron en una quebrada. La violencia entraba en mi consciencia con las historias de pájaros y bandoleros; de Tirofijo, Sangrenegra y Capitán Venganza. Leía en *El País* noticias de masacres en distintos pueblos y no podía apartar la vista de las numerosas fotos de cadáveres recientes. Veía a veces familias de desplazados en las calles de Cali, con sus pocos bienes amontonados en una carreta. Rara vez veía muertos en la calle, pero no puedo olvidarme de una horrible imagen: eran los días que se conocen como las "jornadas de mayo" de 1957, con sus protestas y manifestaciones en todo el país contra la presidencia de Gustavo Rojas Pinilla por parte de estudiantes y ciudadanos. Había toque de queda. En las casas del barrio en aquella noche estaban prendiendo las luces. Desde una ventana de nuestra casa, en el segundo piso, estaba mirando la calle y algunas otras casas. De repente, vi a unos soldados sacar a un estudiante universitario de su casa. Allí, perfilado en la puerta por la luz de adentro y en frente de su madre, lo fusilaron.

Tengo también memoria de noticias de secuestros, como el de Harold Eder entre otros, de atrocidades como el corte de franela y el corte de corbata, descuartizamientos y otras mutilaciones de cadáveres. Nosotros estábamos lejos de ser una familia con dinero, pero todavía me acuerdo de mi ansiedad, junto con la de mi mamá, por la seguridad de mi papá, porque llegó el día en que él empezó a salir de la casa armado. Nunca supe –porque no me lo contaron– si eso fue en reacción a una amenaza particular o simplemente en reconocimiento de la inseguridad en el campo, en las fincas, o en los pueblos del Valle del Cauca. Me acuerdo de una noche en la que volvió a casa con el parabrisas de su camioneta pulverizado y con sangre en su cara y cabeza.

Aun viviendo en los Estados Unidos, la violencia en Colombia me ha tocado directamente. Un día, recibí en mi buzón universitario una amenaza de secuestro y de muerte si viajaba a Colombia por cualquier motivo. Así que, durante unos años, cuando iba a Colombia a dictar conferencias o participar en encuentros, me tocaba moverme en el país con guardaespaldas. Sobreviví a un intento de secuestro en un festival vallenato en la Plaza Alfonso López de Valledupar, intento frustrado por los tres guardaespaldas que me había asignado el Ministerio de Cultura del país. Allí conocí a "La Cacica" Consuelo Araújo Noguera, secuestrada unos dos años después y asesinada. He conocido otras víctimas de secuestro, también a damnificados y a desplazados, junto con sus familias.

Esto lo cuento simplemente para dejar constancia de algunas experiencias que he compartido con muchos de mis compatriotas y con los participantes en este libro. No hay colombiano que no haya sido tocado por la violencia en el país, pero que a la vez no haya sentido aquella nostalgia por una Colombia que, en algunos lugares y por unas breves épocas, sí ha existido. El dolor convierte la nostalgia en horror, tristeza y rabia: horror ante el holocausto del Palacio de Justicia, tristeza por la tragedia de Armero, rabia por la pesca milagrosa, los secuestros constantes, las incontables masacres, los desaparecidos, los desplazamientos, los falsos positivos y los más de 400 líderes comunitarios asesinados desde 2016. A veces tememos no merecer un país en paz. Hasta nos preguntamos si la ficción se tornará realidad, si llegaremos a ser uno de esos pueblos condenados a cien años de soledad.

De todo eso se trata este libro. Cada uno de los autores de los poemas, los cuentos y las narraciones que aquí se presentan, ha pasado por experiencias semejantes a las mías, y algunas hasta peores. Lo que nos une es que ahora vivimos, por varias razones, fuera del país. También nos une el hecho de existir entre dos culturas, dos idiomas, dos modos de ser. Me dice mi esposa que en castellano soy otro, y que cuando escribo en español en vez de inglés, ella percibe más calor humano, además de unos ritmos de estilo y pensamiento que yo no me permitiría en inglés. Esto lo he sentido en la piel. Cuando me dediqué en mi cuarto estudio, aquí en los Estados Unidos, a escribir mi libro sobre García Márquez, que publiqué en España en 1983, tuve al principio grandes dificultades en su redacción. Mi prosa no me convencía, no me sonaba. Pasé semanas enteras en el infierno que es el querer escribir bien y no poder hacerlo. Un día, me vino la idea de comenzar el trabajo de cada mañana con unos minutos de lectura en voz alta de textos de Alfonso Reyes, Jorge Luis Borges y Germán Arciniegas. Y luego de poner en el tocadiscos cumbias, bambucos y boleros, a veces pasillos y vallenatos. Así logré despertar la colombianidad de mi prosa y de mi pensamiento.

Algo parecido ocurre con cada uno de los participantes en este libro. Radicados ahora en Estados

Unidos, ellos buscan la manera de escribir colombiano en tiempos difíciles, tiempos que los han acompañado toda la vida, dentro o fuera de Colombia. Cada uno salió del país por razones distintas. O la vida se les hizo imposible. O encontraron puertas cerradas. O se vieron amenazados por la violencia y la persecución. O no querían vivir más con tanto miedo. Por azar o por destino personal, salieron de Colombia. Y llegaron a los Estados Unidos por la vía aérea o por tierra, cruzando la frontera entre México y Texas, en un peligroso periplo de meses. Todos buscando la relativa tranquilidad de vida en el coloso del norte. Pero no han dejado de ser inmigrantes permanentes, extranjeros en el país que los recibió. Estando aquí, sueñan en Colombia. Los sueños suelen ser, o de paraísos perdidos, o pesadillas, o de un futuro deseado que parece inalcanzable. Las pesadillas tienen su larga historia.

El grito acusador de Antonio de Montesinos, las denuncias de Bartolomé de Las Casas, el pesimismo de algunos de nuestros máximos próceres, eventos como La Guerra de los Mil Días, el asesinato de Jorge Eliecer Gaitán, la irrupción de la guerrilla en 1964, el narcotráfico – todo da vida a lo contado en este tan variado texto. Todo vive de nuevo en las palabras de la introducción, en los versos de algunos de los poemas, y en algunos de los episodios narrados. Pero no todo es acusación o resignación ante el legado de violencia que ha marcado nuestra historia a partir de la "Patria Boba" del siglo XIX. Hay también tristeza por el paraíso perdido de la infancia, por la pérdida de casas o fincas, o simplemente por el modo de vivir que han tenido que abandonar. A veces, la pérdida se narra por el cuento de un tío en su lecho de muerte recordando El Bogotazo, por un objeto personificado, por un mural o por un tapiz de colores.

Al mismo tiempo, como en universos paralelos, existe la nostalgia por el campo, por el olor del café en las mañanas, por la paz en montañas acogedoras, nostalgia interrumpida por el miedo, por el peligro en las mismas montañas y en las ciudades, y por el dolor de familiares y amigos ausentes. Se teje nuestra historia reciente con importante testimonio directo del holocausto del Palacio de Justicia, y de las traiciones a los acuerdos de paz. La nueva esperanza que nos ofrece El Informe de la Comisión del Esclarecimiento de la Verdad se narra en el epílogo.

Nos preguntamos si nuestra querida Colombia seguirá siendo azotada por esa violencia, corrupción e impunidad que ha sido nuestra realidad por tantos años. Todo ha dejado su huella imborrable en nuestro ser. Vivimos, como medio suspendidos en el aire, entre la patria que es y la patria que soñamos. Nos preguntamos si, a diferencia de las últimas palabras de *Cien años de soledad,* tendremos una segunda oportunidad sobre la tierra.

¿Quiénes fuimos? ¿Quiénes somos? ¿Quiénes seremos?

Janiel Humberto Pemberty, Luis Carlos Fallon Borda, John Jairo Palomino, Pilar Vélez, Consuelo Hernández, Elvira Sánchez-Blake, Julio Garzón.

El vivir fuera no es abandonar la patria; la llevamos en el corazón, y nos duele.

Michael Palencia-Roth

INTRODUCCIÓN

LA PATRIA VIVIDA Y LA PATRIA SOÑADA

Cuando después de algunos años volví a ver la ciudad y los rostros amados de toda mi vida, recordé que el poeta Rainer María Rilke, dijo alguna vez, palabras más, palabras menos, que la patria es la infancia. Su intención, creo, era conciliar dos elementos fundamentales de nuestro trasegar como seres humanos y ponernos ante una visión humanista de un concepto que los políticos, los poderosos y los intereses económicos usan impunemente para perpetuarse en el poder o para justificar sus guerras. Y lo hizo también porque quizás no hay nada tan entrañable como la patria y nada tan maravilloso como la infancia. Y porque al parangonar a la patria con la infancia, la situamos en el ámbito de la magia, el juego y el asombro. Acaso, además, para no delimitarla entre territorios o mares, sino, sobre todo, en las comarcas del corazón donde se hace poesía, fraternidad y justicia. Porque la patria no debe ser más un cuerpo de ideas o un mapa que defender y menos un cúmulo de pretensiones de superioridad o dominio sobre otros, sino el espacio insondable donde reposamos con todos nuestros sueños, logros y fracasos, y donde cabemos con todo lo que amamos.

Cuando después de algunos años regresé a mi terruño y vi que toma del cielo lo que le falta de tierra con torres y torres levantadas sobre cuestas empinadas, comprendí que también yo comencé a elaborar un tejido que me permitiera construir al hombre de la diáspora sobre el paisaje y el hombre que fui, y me permitiera además recordar sobre el mapa de la nueva ciudad, la ciudad que dejé al partir. Para no perder el hilo de los recuerdos y volver a encontrarme en mi lugar de siempre, más allá de todas las lejanías, azares, sueños y amores que el exilio pudiera ofrecerle a mi corazón. Y pienso que no soy el único que realiza una elaboración como esta, un tanto inconsciente, sino que es proceso común a todos aquellos que migran, porque al fin, cuando se parte solo se lleva lo que en realidad se es: un cúmulo de sensaciones, emociones, sueños y recuerdos.

Y esta apreciación se hace más clara cuando se descubre, en nuestro caso, que un grupo de narradores y poetas, independientemente unos de otros, llevó al papel fragmentos del inagotable caudal de conflictos que cubre la patria que les dio nacer. Caudal que penetra sus capas sociales y las vertientes de su historia, y que parece no tener final ni mar de paz en el cual disolverse. Este grupo de poetas y narradores son Luis Carlos Fallon, John Jairo Palomino, Pilar Vélez, Consuelo Hernández, Elvira Sánchez-Blake, Julio Garzón y Janiel Humberto Pemberty, cada uno de los cuales, según su sentir y expresión, revela las huellas que han dejado en su vida las múltiples formas que, en su patria, Colombia, ha tomado la violencia. Huellas que yacen también en la memoria de nuestro ilustre prologuista, el reconocido académico y compatriota Michael Palencia-Roth.

Luis Carlos Fallon, quien cuando buscábamos un nombre para nuestro proyecto nos insinuó llamarlo *La patria que nos duele*, da el primer paso de nuestra antología con un peso que lo incita a gritarnos, con su poema La patria de mi dolor, su ardiente deseo de abrazar y darles amor a las víctimas de la inagotable violencia que nos ha acompañado a los colombianos como nación, y sobre todo a redimirlos con el manto de la justicia. Una justicia que clama también por los mares, los ríos y páramos de nuestro territorio, y cuya biodiversidad y riqueza mineral y acuífera debe ser defendida por sus comunidades de la insaciable codicia que con tantas ansias e insistencia la mira. A continuación, el poeta nos habla de sus experiencias tempranas con los enfrentamientos armados entre liberales y conservadores, aparecidos en su adolescencia y primera juventud como un presagio de muerte que asumiría increíbles formas de crueldad y sevicia, y nos cuenta también cómo su vida se fue llenando de zozobra y desesperanza.

Luego de hacer un breve repaso histórico nacional en el que la violencia se evidencia como partera primordial, uno de cuyos más trágicos episodios en mortandad, y pérdida económica y territorial para el país ha sido la Guerra de los Mil Días, Luis Carlos nos llama a la esperanza de una nueva nación que construiremos todos con los valores del respeto a la vida, a los derechos humanos, al ambiente y a la riqueza de la tierra, que es la riqueza de todos. Un país con prosperidad y equidad para todos.

John Jairo Palomino nos recuerda con sus primeros versos que "Nuestros poetas del siglo pasado/ le cantaron al cielo y a las piedras/ le cantaron al silencio/ sin ni siquiera una queja de nuestro dolor", el dolor sempiterno que acompaña a los colombianos por los asesinatos masivos de tantos compatriotas y "el dolor de callar, llorar y soportar/ como una forma ciega de luchar". Un dolor que "…no puede más/ y es un grito que desgarra nuestra voz/". Y que se instituyó con el "viejo contrato que firmaron/ casi a ciegas y con una cruz/ nuestros abuelos".

Más adelante nos recuerda el río testigo, sepulcro y sepulturero: "Si el río hablara diría nombres/ daría rangos/ revelaría el secreto/ de los blasones/ y los soles vendidos/ de los que prometieron/ salvar a la patria/ y son también sus enemigos"; "de los que nos persiguen y nos roban nuestra tierra". Sus palabras quieren sacudir los cimientos de una sociedad dormida con "Palabras vivas/ para despertar a la multitud/ que camina ciega hacia/ el abismo de la guerra". Sus versos se hunden además en el drama de los desplazados, los magnicidios, los falsos positivos, el narcotráfico. Pero, pese a todo, de aquel fondo aciago surge como una hermosa flor que brota de la oscuridad, la esperanza: "Un buen día nos vendrá/ el tirano con una rosa/ Un buen día se oxidarán/ las armas en los cuarteles".

Los personajes que narran las historias de **Pilar Vélez** son objetos o entidades que han sido víctimas, o han pertenecido a personas que han estado o han sido testigos de la guerra. Su primera relatora es una escuela que cuenta lo feliz que se hallaba cuando fue inaugurada, cuán dichosa era con los juegos y alegrías de sus estudiantes y su inesperado y triste arribo al abandono. Un fusil comienza contándonos su viaje desde el mediterráneo hacia Centroamérica, Panamá y La Guajira hasta Bogotá, para introducirnos luego en una sorprendente estratagema. Un maletín nos interna en una inocente historia de amor a la que se unen impensados, dolorosos y oscuros acontecimientos que el país apenas acaba de descubrir y que termina de relatar un zapato. En una silla van descansando los cuerpos de varios personajes que van a un lugar en el que quizá podrán identificar a seres queridos desaparecidos y de los que se sospecha fueron retenidos o secuestrados y asesinados como "falsos positivos". El Museo de la Memoria se queja con asombro de todo el tiempo que se tomaron diferentes gobiernos para crearlo y documentar la barbarie que ha estremecido a Colombia por décadas. Una guitarra añora a su dueña secuestrada y asesinada. Una bandera relata una toma guerrillera. Una medalla al honor extraña a su dueño, un mayor del ejército. Una mochila wayúu recuerda nostálgica a su dueño, un niño campesino reclutado por la guerrilla desde su escuela.

Janiel Humberto Pemberty nos lleva de la mano hacia una historia de ardides, tejida para reclutar a jóvenes que quieran realizar un supuesto trabajo en el campo, muy bien pagado, en una zona en conflicto. Quince que resultan elegidos son llevados a un viaje que poco a poco les deja entrever oscuros designios. En otra historia nos lleva hasta una zona campesina que comienza a sufrir el acoso de la creciente guerrilla, y cuyos habitantes, que deben pagarle una primera "cuota" por su supuesta seguridad, se ven obligados a defenderse por sus propios medios y como mejor puedan porque nunca reciben ayuda del negligente gobierno, en una particular génesis del paramilitarismo. Finalmente nos traslada a la ciudad, para ilustrarnos la violencia que generan cuatro muchachos con un presente amargo, de esos que viven en barrios marginados y que conscientes de su incierto futuro, se dedican a recorrer las calles de la noche y a practicar, en un juego de poder, una violencia con ritualísticos componentes de muerte.

Consuelo Hernández se despide de un amigo que se llevó el tráfago de los desencuentros: "Recordarás sin amargura esta tierra de dolor/ donde ya sabemos que no es posible la dicha/ y vagarás vestido con tu único disfraz: el sueño". Ante la amenaza que se cierne implacable sobre la selva declara: "Que todas mis cavidades/ las habiten mil robles interiores/ para tener un mundo/ en el cual renacer de mis cenizas".

La nostalgia, la conciencia dolorosa de que la violencia con todas sus ramificaciones ha roto el cristal más íntimo de sus sueños y esperanzas, de la tierra bañada de luz, del goce elemental de la naturaleza con sus nutricios dones es la constante de los poemas que Consuelo nos trae en esta antología. "Se nos volvieron sangre los ríos transparentes/ de luto se cubrieron nuestros ríos de luz./ La montaña ya no es de oro/ corre la muerte presurosa en sus laderas." La nostalgia por su gente, por su pueblo, por su patria que ve desde la distancia impotente y en guerra. La añoranza de los sueños y del tiempo en que no se pensaba en lo que la patria sufre ahora. "Así voy por estas calles en silencio/ con este escepticismo que me sigue/ y el ignorado llanto de mi pueblo/ que no pasará sin consecuencias."

El primer texto de **Elvira Sánchez-Blake** es una carta al presidente Belisario Betancur que nos sumerge en la horrenda escaramuza que vivió el país con la toma del Palacio de Justicia por parte del M-19 y la posterior intervención militar que dio un golpe de estado no oficial en la historia de Colombia. Texto revelador para aquellos que desconocen los tejemanejes internos de la política de nuestro país. Su siguiente relato nos traslada al museo de la memoria del municipio de Trujillo, que la violencia marcó con creces, y cuyos causantes permanecen en la oscuridad, desde la cual siguen ejerciendo su poder de muerte. A continuación, nos introduce en el histórico y polémico NO de las votaciones a propósito del tratado de paz que el gobierno de Juan Manuel Santos pactó con las FARC, que testimonia la división de un país que viene de sufrir, grosso modo, lo que en este libro se ha ventilado y es un eco de las contradicciones que una población puede plantear a su interior en un tema tan fundamental como la paz. Finalmente, en su relato "Estatuas derribadas" recrea uno de los episodios que tanta polémica causaron en el país en años más recientes y toma como referente la estatua de Sebastián de Belalcázar, derribada en la ciudad de Cali la durante el estallido social del 2021.

Julio Garzón da el último paso de los participantes de este volumen con dos relatos testimoniales de eventos unidos de manera indirecta porque uno, aunque distante del otro, es una de sus consecuencias históricas. El primero de ellos nos narra otro de los tantos acontecimientos violentos que se dieron en El Bogotazo del 9 de abril de 1948, pero no por ello de importancia menor. Se trata de la defensa que del palacio de gobierno nacional debió hacer el batallón presidencial, que obedeciendo órdenes del alto mando debió repeler con disparos mortales a los amotinados que pretendieran atacar la sede presidencial. El protagonista de esta historia cuenta, en una confesión con la que pretende liberar su cargo de conciencia, sus condenables acciones a uno de sus sobrinos. El otro es la narración de una mujer que habiendo perdido de manera aterradora su familia en un ataque de bandoleros, que es violada y testigo de la violación de sus hijas y el inmediato asesinato de ellas y de su esposo, termina vagando sinrazón, sin casa ni amigos, por cualquier región de la Colombia de la violencia bipartidista del siglo pasado.

Son tantas las formas de la violencia en nuestra historia. Como la ideológica, por ejemplo, cuando afirma que ese que piensa diferente a mí es mi enemigo y eso es suficiente para declararle la guerra o asesinarlo. Fueron ideologías, las que en El Virreinato de Nueva Granada dividieron a "los padres de la patria" en centralistas, federalistas y realistas una vez dado el grito de independencia y depuesta la tiranía, lo que evitó que organizaran unidos la naciente república y alistaran un ejército que la defendiera del contraataque de la corona española. Ideologías que llevaron a una guerra entre centralistas y federalistas de 1812 a 1815, la primera de nueve guerras civiles que asolaron al país entre 1812 y 1902, es decir durante 90 años. Y si a ellas sumamos los continuos conflictos que se dieron en el siglo XX y se siguen dando en el siglo XXI, tenemos el panorama de una nación que no ha podido dar un salto sobre la violencia para comenzar a enfrentar sin sangre su desarrollo social y económico.

Toda esta cadena de enfrentamientos entre compatriotas por cerca de 200 años, además del aspecto visible de muerte y destrucción que conlleva, tiene un componente profundo y lamentable: el habernos acostumbrado a la violencia, a que la toleremos de una manera más o menos relajada. La gota que cae sin pausa sobre la roca termina por labrarla. Mi gran temor, y el de muchos de mis compatriotas, es que el conflicto sin tregua terminará por taladrar la sicología de nuestro pueblo, y que la violencia termine constituyéndose, si ya no lo es, en parte de nuestra idiosincrasia.

La anterior es la patria vivida. La que ha sido y es. Pero como los poetas y narradores no pueden ignorar la vida aun en las entrañas de la muerte, como tampoco pueden dejar de sembrar una flor de esperanza entre el cieno y el derrumbe de las instituciones, también tienen su patria soñada. La de la paz que nos cobijará algún día; la del perdón y el olvido de la sangre, que será lavada por el agua sanadora de la justicia; la del abrazo fraternal de los hermanos que construyen un nuevo país; la de la libertad del agua y del derecho a la vida; la que con renovada esperanza e ilusión creemos poder alcanzar con el nuevo aire de cambio que se vislumbra a partir del 7 de agosto de 2022, pero que solo alcanzaremos si todos los colombianos nos unimos en una sola fuerza de amor, perdón, olvido y no repetición. Si todos los colombianos nos unimos como uno solo en busca de la paz, la justicia y la prosperidad para todos.

    A nombre de quienes participamos en este volumen me atrevo a decir que estas dos patrias, en nuestro caso, son más extensas y profundas porque tenemos la vivida y la soñada, que yacen en la memoria de nuestro pueblo y la nuestra, pero además tenemos dentro de la soñada las landas de nuestros sueños, materia primigenia de nuestros libros, porque como dijo alguna vez el escritor español Francisco Ayala, "La lengua es la patria del escritor".

Janiel Hmberto Pemberty
COMPILADOR

I
LUIS CARLOS FALLON

LA PATRIA QUE NOS DUELE

Cuando hace un tiempo atrás el escritor Janiel Humberto Pemberty me invitó a formar parte del grupo para la preparación de un libro que recogiera testimonios de escritores colombianos radicados en el exterior sobre la violencia en Colombia, y la incidencia del flagelo en las obras literarias de cada uno de los participantes, agradecí la invitación con cierta reserva ya que temía que mi trabajo poético no encajara en un proyecto en el que la mayoría de los autores quizás abordarían el tema a través de la narrativa. Recordaba que años atrás había escrito algunos poemas sueltos, nunca publicados, sobre el doloroso tema, al impulso de mi propia emoción, pero jamás había recurrido a la narrativa para expresarme al respecto.

Me animó que el antologista del ensayo colectivo insistiera en considerar mi participación como útil al proyecto. En su criterio, llamaría la atención o despertaría aún más la curiosidad del lector el incluir alguna muestra de poesía dentro de los trabajos compilados.

Para entrar en materia, creo oportuno mencionar que mi poesía sobre la violencia y los horrores del conflicto armado ha tocado también otros graves fenómenos sociales que perjudican al país como la corrupción, el irrespeto a la vida, la inequidad social, y el trato explotador y abusivo de la naturaleza.

Los mencionados lastres han herido la patria y generado en mi interior diversas emociones que en este trabajo expreso en versos o tal vez en requiebros que logran escapar de la convulsa veta de mi sensibilidad. En algunos poemas que se remontan a mi primera juventud reflejé la nostalgia, o el dardo del dolor en un tono difuso al no captar una precisa y congruente conexión con los sucesos sociales y políticos que estaban ocurriendo en el país en esos momentos.

Mas no era difícil deducir que algo perturbador y extraño estaba sucediendo. En ese entonces se notaba en el ambiente una sensación de desasosiego que, a mis padres, amigos y condiscípulos de colegio en distinta forma e intensidad, también los afectaba.

Se trataba de los primeros síntomas de esa violencia que ya se comenzaba a percibir a través de las graves noticias de los medios que informaban de los horrendos crímenes y las matanzas colectivas que estaban ocurriendo en algunas veredas de provincia, o en los territorios rurales alejados de los centros urbanos más poblados del país.

Me di cuenta de que los brutales crímenes me impactaban y comenzaban a brotar en algunos incipientes versos como una consecuencia ante tales manifestaciones de sevicia y total irrespeto a la vida.

El enfrentamiento armado había llegado a provocar la degradación entre los diferentes actores de la guerra. Se escuchaba en la radio denuncias sobre algunos de los enfrentamientos que a la postre dejaron muchos campos y pueblos de la patria en ruinas, destruidos, desolados. Los terribles atentados que los periódicos anunciaban prestaron a mis poemas nuevos bríos para conjurar a todos los esbirros de la guerra que desde mi adolescencia pugnaban por agobiarme el alma.

Al repasar algunos de estos versos, noté que mi emoción se había convertido en enojo. Sentía que como a tantos otros jóvenes soñadores, no nos quedaba otro recurso que hacer uso de la palabra escrita para expresar el rechazo y la denuncia ante la violencia y el desprecio por la vida.

Advertí que mis palabras anidaban idéntico dolor al que causan los alaridos de la guerra, ¡o el asesino zumbido de las balas! Corrían insistentes rumores sobre la tragedia de los huérfanos que lloraban sin entender las causas del desastre, y de la angustia de las mujeres a quienes les habían arrebatado sus hijos, sus hermanos, o esposos, para integrarlos en la fiera contienda.

Era el apocalíptico panorama de la maldad, desplegada con furor, como un atroz incendio que presagiaba zaherir la total geografía del país. Cada confrontación armada iba dejando una estela de dolor que se nutría de las más bajas pasiones al haberse agotado la compasión por el dolor ajeno.

Muchas de mis juveniles reflexiones sobre la tragedia fueron escritas entre sollozos. Sin embargo, celebro que otros posteriores versos no revelaran debilidad, ni depresión, ni llanto, porque no habían cedido a la postración que provoca la tragedia. Por el contrario, eran expresiones nacidas del coraje. Surgieron como una reacción al sufrimiento que golpeaba a numerosos compatriotas, víctimas inocentes de la lucha. En la contundencia de esas manifestaciones, maldecía la guerra y condenaba a los desquiciados actores que contribuían a la confrontación y al odio entre hermanos de una misma sangre, con una misma herencia, ¡y en una misma tierra!

No obstante, las permanentes tribulaciones jamás han llegado a derrumbar a la sociedad. ¡Ni aun agonizando en sus constantes crisis, la patria ha permitido que la entierren porque la agonía significa interna lucha!

El ingenio del gran escritor Miguel de Unamuno aplicó el correcto sentido etimológico del término anterior con admirable maestría, al titular su obra cumbre *La agonía del cristianismo*. En el caso de Colombia, es lucha vital. La agonía como una declaración de la vida misma.

En nuestra sociedad hay muestras de una formidable resiliencia ante la adversidad, la cual se manifiesta en el inconsciente colectivo de su población. Como individuos somos vulnerables, pero como nación nos fortalece la remembranza de la gesta emancipadora.

El sacrificio de los libertadores ha inspirado las fibras más profundas del alma nacional.

Cualquier sociedad que no garantice el respeto a la vida de todos y cada uno de los asociados como el primer y más preciado fundamento de la institucionalidad, se encuentra expuesta irremediablemente a la disolución y al fracaso.

¿Cuál es el valor de una vida humana? El dramaturgo Bertolt Brecht respondió a esta pregunta: "La vida es lo más grande, perderla es perderlo todo".

Aboco esta reseña con entusiasmo. La escribí como una contribución al esfuerzo que los escritores reunidos para desarrollar el tema en este ensayo, adelantamos con entereza.

He combinado en el texto algo de prosa y poesía. Considero de especial importancia haber podido mostrar, sin ambages y con fidelidad, al curso de estas letras, mis sentimientos.

Ha sido necesario repasar algunos sucesos históricos del país, como también traer al presente mis recuerdos frente a esta desarticulada sociedad, inmersa en los efectos desastrosos de un prolongado enfrentamiento, que para mi generación cubre ya más de setenta años. Confío en que este trabajo obre en mí una catarsis.

Creo en el influjo terapéutico de la palabra. Deseo considerar esta memoria general como una decantación de otras penas ajenas; recuerdos presentes en infinidad de compatriotas que han sido marcados igualmente por la guerra. Al final todos nos encontramos en el mismo camino y hemos tenido que sufrir la violencia en nuestro alrededor y convivir con una horrible incertidumbre ante el futuro.

Tal vez con el tiempo podamos recuperar la identidad perdida y aprovechar cuanto hemos aprendido de esta situación para capitalizarla como una experiencia que potencialice la fe y genere la fortaleza que nos conduzca hacia una paz duradera.

El tema de la violencia en Colombia ha sido motivo de estudio de numerosos especialistas, además de multitud de escritores nativos y extranjeros. No ha sido extraño que la realidad de la guerra y la violencia hayan podido superar hasta la imaginación más fértil en la aventura de escribir acerca del conflicto. Algunos artistas y autores literarios solo hemos tenido que transferir el dolor emanado de nuestras emociones a las creaciones propias, para reproducir fielmente las huellas del diario acontecer. En la narrativa nacional, incluyendo una variedad de guiones y/o libretos de televisión, no ha sido necesario inventar nada extraordinario, porque lo real ha desbordado las perspectivas de la ficción. Sin embargo, es posible proyectar en el postconflicto el imaginario de un género que responda a una distinta reseña; motivaciones diferentes que describan una nueva realidad: la de la pacífica convivencia y la reconciliación.

Todo escritor tiene una importante responsabilidad social al moldear el imaginario de su tiempo cuando clama ante los dolores de la patria ausente, va en busca de los olvidados o reclama por aquellos que no tienen voz para hacerse escuchar.

En cuanto se refiere al arte poético, los poemas están escritos en papel, pero también lo están en el corazón de quien los escribe, de quienes los escuchan y de quienes los leen. Se escriben palabras y se entregan recuerdos. Se escriben promesas y se dejan angustias; ¡se tejen fantasías y se cosechan versos!

Con relación a los recuerdos, nunca he logrado desterrar de mi interior la constante realidad del conflicto.

Desde muy temprana edad escuchaba con frecuencia vocablos extraños a una mente infantil: "chusmero", "chulavita", "cachiporro"; jerga que, aunque no podía interpretarla, en el contexto daba cuenta de la increíble intensidad del odio sectario que comenzaba a invadir el alma nacional. Ya eran ostensibles las inconcebibles dimensiones espirituales de la maldad que posteriormente se desataría, con tóxica violencia, como un voraz y pavoroso incendio por toda la geografía colombiana.

Mis padres fueron testigos de otra gran tragedia nacional: "El Bogotazo" del nueve de abril de 1948, incidente cuyas terribles consecuencias y atrocidades guerreristas dieron inicio a otra larga contienda entre los dos partidos políticos tradicionales.

¡Ah!, la historia que luego estudiaríamos en la escuela correspondía a los sucesos de una infame realidad que no terminaba de pasar.

Tras este ignominioso episodio se iniciaba una lucha fratricida entre liberales y conservadores que dejaría consecuencias fatales en la nación.

El pasado de la patria, muchas veces me dije, ha sido referenciado por sus guerras civiles, las grandes desventuras y los serios desajustes sociales demostrados en un cruento rosario de actos infames que a todos nos condenan a la desesperanza.

Siendo aún adolescente me preguntaba: ¿Alguna vez terminará este martirio? ¿Cuál ha sido la razón de esta sinrazón, de este espantoso desenfreno de exterminio y de sangre? ¿Cuál es el "karma" ruin que arrastramos? ¿Por qué tanto desasosiego y tanta infamia en el territorio de esta patria? Nunca encontré una explicación que pudiera entender y asimilar completamente.

Un enorme sacrificio de vidas enlutaba los campos de Colombia hasta el punto de que, en una desesperada fuga de emociones, escribí este primer poema:

DESOLACIÓN
Estas rojas palabras
son de sangre.
Huele a dolor... y el surco
dio frutos de ceniza.
Ocre dolor... que brota
de la tierra.
Dolor, dolor
llevado por la brisa.
Estas rojas palabras son de amor:
¡Una la arteria rota de mi patria;
otra mi corazón!

Años más tarde los tambores de la guerra volvieron a sonar. Coincidían con el inicio de mis primeros años de universidad. Se anunciaba el comienzo de otro conflicto armado en el país. Surgía un nuevo frente. Era una nueva guerra que se libraría, sin cuartel, ni límite de tiempo, entre los gobiernos nacionales de turno, y la incipiente rebelión guerrillera. El pasado de Colombia nos enseña que desde los mismos inicios de la gesta libertadora y luego en los primeros lustros de nuestra independencia, la trayectoria política nacional ha estado acompañada de violencia. Nuestra historia cubre ya más de 200 años de vida republicana y 40 cruentas guerras civiles. Considero ilustrativo y además conveniente para el estudio adelantado, mencionar los períodos en los que ocurrieron los diferentes conflictos armados, a partir de la llamada "Patria Boba" - (1810-1816), término acuñado por don Antonio Nariño- período en el que se desarrollan diversas disputas militares entre Centralistas y Federalistas. Después se produjo el conocido Régimen del Terror durante la reconquista española (1815-1819). Luego tuvo lugar la renombrada Guerra de los Conventos (1839-1841), la cual vino a constituirse en el primer conflicto interno del país.

Posteriormente la Constitución de 1886 y la hegemonía conservadora (1886-1930). A esta etapa le siguieron los episodios de la reacción liberal, y en 1948 el asesinato de Jorge Eliecer Gaitán. En 1964 viene la irrupción de la guerrilla, y años más tarde la nefasta y perniciosa presencia del narcotráfico en el país.

Haré mención especial de uno de los más trágicos episodios ocurrido durante el interregno de los períodos enumerados con anterioridad. Juzgo importante destacarlo dado las graves consecuencias que tuvo para la integridad territorial del país: La Guerra de los Mil Días.

A partir de 1863 se comenzó a gestar otro largo conflicto partidista en el cual participaron varios dirigentes liberales y conservadores como activos actores: Manuel A. Sanclemente, quien fungía como presidente por el Partido Conservador. José Manuel Marroquín, quien derrocó a Sanclemente el 3 de julio de 1900. Gabriel Vargas Santos, quien apoyó la rebelión liberal y posteriormente fue designado como presidente. Rafael Uribe Uribe, jefe de la facción liberal. El General Benjamín Herrera, destacado líder liberal. El nuevo episodio de violencia tuvo como escenario la Costa Atlántica y parte del territorio de lo que hoy en día corresponde a Panamá. La Guerra se extendió desde el 17 de octubre de 1899 hasta el 23 de noviembre de 1902.

    El origen de este nuevo conflicto fue la derogatoria de la Constitución de 1863 por parte del gobierno conservador para remplazarla por la Constitución de 1886, hecho que provocó la reacción del partido liberal. Los combatientes liberales enfrentaron las fuerzas militares del gobierno conservador mediante una estrategia de guerrilla. Este trágico hecho dejó como consecuencia el haber producido uno de los peores desastres políticos, sociales y económicos de la historia de Colombia, con un número superior a 100.000 muertos y la pérdida del territorio de la actual Panamá. Luego de este funesto conflicto vendrían nuevos y violentos episodios destructivos para la república. La crudeza de la contienda de la Guerra de los Mil Días aún permanece en la mente de algunos compatriotas al demostrar cómo la violencia ha permeado y conmovido los cimientos de la nación, a partir de los mismos inicios de su historia republicana. Me permito presentar una oportuna cita que el reconocido escritor Jorge Eliecer Pardo recogió de las palabras de Uribe Uribe en una de sus importantes obras. Reproduzco el citado testimonio, a efectos de que sea el mismo general quien exprese su personal y conmovedor enfoque de este nefasto episodio de la patria:

> Todos cuantos estamos aquí y en cuanto pertenecemos a esta generación infortunada podemos jactarnos de haber visto la última guerra civil de Colombia. A nuestros nietos, a los que vengan a la vida después de este ciclo de horrores, y a quienes costará trabajo comprender el género de insania que nos llevó tantas veces a la matanza entre hermanos, podremos contarles cuando seamos viejos cómo y por qué somos los últimos representantes del fanatismo político, intransigente y cruel, y cómo y por qué tenemos el triste privilegio de haber presenciado el postrer huracán, largo asolador y terrible, como que duró más de mil días, y nada dejó en pie, ni en lo material, ni en lo moral, que nos arrastró a los colombianos los unos contra los otros en choque furibundo.

Las palabras del ilustre prohombre siempre me han causado una fuerte repercusión emocional al interpretarlas como una aleccionadora advertencia, y a la vez recordatorio sobre el peligroso riesgo que representa para una nación el no repasar, ni conocer la historia, o lo que es peor, ignorarla, a afectos de evitar su repetición de los mismos errores que llevan a obtener, en el futuro, idénticos y fatales resultados.

¡Es la historia, maestra de la vida! En verdad el repaso de nuestras guerras civiles resulta dramático. Alguna razón me inducía a traducir esas trágicas memorias en palabras; Tal vez esta experiencia tenía la inconsciente misión de evitar que mi mundo interior sucumbiera. Hoy puedo confesar que la poesía ha provocado en mí una espiritual liberación.

REDENCIÓN

La poesía es el diálogo
del poeta con su tiempo
Daniel Arango

No es fácil redimir doscientos
años de guerra permanente.
¿Acaso pueda hacerlo mi dolor?
Soy yo, en la confesión
de este silencio,
que no podré acallar;
ni redimir sin llanto,
ni luz en mis estrofas.
¡No puedo dialogar!
¡Son tantas las cicatrices
que heredamos,
para intentar que sanen
y pasen al olvido!
¡Son muchas
nuevas vidas
que aún se
pierden tan cerca
de sus nidos!
¡Grito por las victorias
que no fueron!
!Jóvenes inocentes
que partieron,
en un pérfido instante
de sus vidas,
inmolando
sus ansias de volar!

LA PATRIA DE MI DOLOR

¿Han sido necesarios tanto horror… tanta degradación… el sacrificio de tantas generaciones…tanta sangre derramada?

¡Entréguenme sus muertos!
Los decapitados, los hambrientos;
los miserables de condición errante
y rostros de ceniza.
A los desalojados de sus tierras;
a los que nunca alcanzaron
trabajo ni jornal;
a los parias que han sido marginados;
a los escarnecidos con el odio;
¡A quienes fueron obligados a callar!
Yo me anexo sus vidas sin futuro;
sus sueños y esperanzas destruidos,
¡Vidas rotas que nunca lograron germinar!
Entréguenme también a los desgarrados,
moribundos, incompletos, heridos, mutilados.
A los que cayeron en los envilecidos
campos minados;
¡a los niños raptados de sus padres
en la lucha inmoral!
A los líderes muertos;
a los desaparecidos.
¡A quienes han sido sustraídos
del gesto compasivo
de una tibia caricia en el amor!
Entréguenme a todas las mujeres ultrajadas;
a las escarnecidas por la desesperanza del dolor.
¡Yo me apropio de las sufrientes madres

que lloran a un hijo asesinado!
O a las que ocultan en sus ojos las huellas del horror.
¡Denme a todos los seres negados en la vida!
¡A los estigmatizados por las ideologías del terror!
¡Yo los reclamo a todos, justos o renegados!
¡A mí me pertenecen! Yo cargo el cruel
dolor de esa simiente!
¡Escúchenme culpables, o inocentes!
¡Hablo Yo… la Justicia!
¡Basta ya! Fratricidio, Sordidez, Desenfreno.
No más depredaciones. ¡No más sangre!
¡Ha llegado el final de esta ignominia!
¡Cuando el furor de la contienda acabe,
en su orgía de muerte y egoísmo;
la compasión, que vence a la barbarie,
más allá de la infamia o el delirio;
llamará a la concordia, sin rencores;
y a la Paz sin olvido!

REQUIEM POR LA MONTAÑA

¿Quiénes somos los hombres?
¿Guardianes del entorno? ¿O sus explotadores?
¡Mayor fue la codicia,
que el deber de heredad!
¡Saqueando las entrañas
y violando su bosque
de las venas de agua
secaron la humedad!
¡Vi morir la montaña,
…arrancar lino verde;
mermar la regia loma,
al pie de la ciudad!
¡La mortuoria cantera
de amarillo cilicio
despellejó el paisaje
y envenenó el erial!
¿Quién permitió la infamia
de dañar el entorno
y trocar por dinero
su entraña secular?
¡Tras la lenta agonía,
en silenciosa espera,
solo quedó la imagen
de una desnuda roca, coronada de furia
por la agreste cizaña!
¡Hoy ya nadie escudriña
la agotada cantera
de arenoso sudario,
que, en su ictérida boca,
devoró la montaña!

SE ANUNCIA UNA HECATOMBE

¡Ya la muerte festeja desde el cielo!
Bajo la pestilente lluvia,
el paisaje se encoje
y todo se deshace:
¡Árboles, nidos, flores!
¡Es sórdido el diluvio de ceniza!
Languidecen los campos
de azules manantiales.
El rojo que latía festivo
en las campiñas
hoy traza en sus arterias
un desteñido lila.
Se desató en el viento
un vendaval sin rumbo!
¡El químico elemento
que destruyó el flagelo,
intoxicó las aguas
y contagió los surcos!
¡La tierra silenciosa
abortará la vida!
¡Piedad y amor al hombre!
¡Los úteros raídos
no han de parir más hijos,
que lloren la hecatombe!

PLEGARIA POR LOS PÁRAMOS DE COLOMBIA

Al hombre estéril a la creación no le es dado destruir lo que no ha creado
Gandhi

¡Espíritu Infinito,
del páramo sagrado!
¡Cuidad que corra
pura el agua
desde su regio altar!
¡La aguardan presurosos
quebradas y riachuelos
que adornan el paisaje;
y al completar su viaje,
mil caudalosos ríos
la llevarán al mar!
¡Vigilad porque el agua
fluya limpia y serena;
sin rastros de mercurio,
que intoxique y destruya
su vena de cristal!
¡La corrupta codicia
ronda vuestro Santuario!
¡Impedid que el cianuro
contamine el ambiente;
y destruya su paz!
¡Conciencia espiritual!
¡Cuidad del agua;
cuidad de la natura,
para que los hombres
puedan sobrevivir!

Impedid que el rudo
pesticida libere su veneno.
Permitid que la lluvia
recorra la ladera,
acariciando el musgo
de prístino color.
¡Cuidad que el agua
clara corteje la montaña,
y proteja el entorno
del noble frailejón!
¡Oh! ¡Espíritu Divino!
¡Haced que vuestro
páramo inocente,
envuelto en su
neblina virginal,
siga vertiendo
el líquido precioso
que sustenta
el aliento de la vida,
y calma los ardores
insaciables
del ávido mortal!

DESPLAZADOS

¡Perdón por la injusticia,
desalojados de vuestras
propias tierras!
¡Vuestro dolor endilga a las conciencias
una mancha de lesa humanidad!
Mártires cercenados del terruño:
¡Lloramos vuestro agónico destierro!
¡No encendimos la luz del corazón!
fallamos en la cómplice indolencia:
¡Callamos nuestra voz!
¡Cubrió nuestro silencio la
llaga putrefacta que ocultaban
las lacras de la guerra!
¡La infamia siempre mancha la inocencia,
pero jamás anula la razón!

Es hora de cerrar viejas heridas, corregir rumbos errados, desechar recuerdos dolorosos; disponernos a perdonar; pasar la página e invocar nuevamente la cordura. Enunciado lo anterior en un lenguaje poético: Permitir que la temperancia y la sensibilidad regresen al nido de la patria y así alcanzar los sueños que las generaciones anteriores no logramos.

Al respecto no puedo negarme a la tentación de citar un conocido y elocuente poema de Octavio Paz:

"El bien, quisimos el bien:
Enderezar el mundo.
No nos faltó coraje;
nos faltó humildad.

¡Lo que quisimos,
no lo quisimos
con inocencia!"

Es satisfactorio corroborar cómo el país se ha ocupado en difundir en el currículo oficial la enseñanza de valores y ética desde la infancia y durante el resto de la escolaridad. El posterior estudio de estos principios en la secundaria tiene como finalidad interiorizar cada proceso y hacerlo individual.

En efecto, la ética refiere al análisis de la moral que influye en el pensamiento de cada integrante del ente social a fin de que su conducta se ajuste a los comportamientos y acciones útiles a la comunidad. Además de la enseñanza de los valores y de la ética establecidos en la educación nacional, también se hace indispensable trazar nuevas e imaginativas estrategias que ayuden a promover los enunciados principios, y en especial el civismo en todos los sectores de la población, en procura de fundamentar una auténtica cultura de la paz.

Ignoro si habré logrado transmitir el desgarro que sentí al escribir este testimonio destinado también a aplacar mis propias penas. Siento que no es mi propósito detenerme en el camino hacia el perdón, y no sé si al olvido para que sanen las heridas, pero tampoco querría despedir estas cuartillas con un lúgubre mensaje.

ESPERANZA

¡Acordamos la paz!
¿Y… ahora qué viene?
¿La salvación de ríos y jazmines?
¿La luz de las doradas mariposas?
¿La redención del hombre
que revive en la tierra?
¿Ahuyentar el dolor?
¿Buscar el alma que se nos
fue en la guerra?
¡Acordamos la paz!
¡La senda está trazada!
¡Con la fatiga a cuestas,
por el arduo camino,
quizás no se marchite
esa esperanza!

La instauración de una paz definitiva constituye la tarea más urgente por concluir en el país.

El logro de esta preciada meta contribuirá a promover entre los colombianos la tolerancia, el perdón y la solidaridad; virtudes esenciales para sanar las heridas emocionales, superar la anomia social que padecemos y construir la patria que anhelamos.

Tras la lenta agonía,
en silenciosa espera,
solo quedó la imagen
de una desnuda roca,
coronada de furia
por la agreste cizaña!

II

JOHN JAIRO PALOMINO LOZANO

MI POESÍA EN EL EXILIO

Nunca creí que llegaría a vivir fuera de mi país, tal como lo manifiesto en uno de mis poemas: "Felices los árboles que mueren/ en el mismo lugar donde nacieron". Para mí el destino de los hombres es morir en su patria.

Aunque conocí a Estados Unidos en el año 2000 en un viaje de turismo y de negocios, y hasta pasé en Miami la última noche del siglo XX, nunca estuvo en mis planes vivir en este país, algo que se materializó en mi segundo viaje en 2002, cuando decidí no regresar a Colombia y ser uno más de esos inmigrantes indocumentados.

Dejar atrás la Colombia de mis sueños fue muy duro. Soy de Cali, esa ciudad tropical de gente alegre, y según las agencias de turismo, "La sucursal del cielo". En ella era feliz. No estaba casado, pero tenía una familia estable con mi compañera de más de 10 años y una niña. Provengo de una familia de cinco hermanos, la mayoría de ellos con negocios independientes.

Era dueño de una compañía de servicios que sorteaba muchos altibajos y ofrecía un discreto portafolio, pero tenía a empresas públicas y privadas como clientes. Debo anotar que los años noventa me fueron particularmente difíciles como empresario, pues me vi obligado, por tres veces, a cerrar la compañía y a reabrirla con diferentes nombres.

La apertura económica del presidente liberal César Gaviria, que abrió la economía colombiana a las multinacionales, acabó con la industria nacional. Por otro lado, el mismo gobernante promulgó, con ayuda de una asamblea constituyente, la nueva constitución de nuestro país en sustitución de la de 1886, centenaria y obsoleta. Por muchos esperada, la nueva constitución prometía justicia y modernización para el país, pero no fue así.

A mediados de la década de los noventa el liberal Ernesto Samper llegó a la presidencia de la república, y el país se tornó ingobernable una vez Andrés Pastrana destapó el escándalo de filtración de dineros del narcotráfico en la campaña presidencial de Samper. Al mismo tiempo, los paramilitares y los insurgentes entraron en una feroz lucha por su hegemonía, y el caos se tomó el orden público.

Si algo quería cambiar yo, y pronto, era la sensación de violencia y mi inestabilidad económica. Tal vez eso en el fondo, y el bienestar de mi hija, fueron las motivaciones que me llevaron a tomar la difícil decisión de quedarme indocumentado en Estados Unidos.

Si pudiera empezar de nuevo, lo más importante que haría es no dejar la patria atrás, ni aplazar mis sueños. Y eso fue lo que me propuse a mis cuarenta años, con la nueva oportunidad que me daba este país.

Desde adolescente me apasionó leer y escribir, e incluso llegué a estudiar literatura en la Universidad Santiago de Cali, pero los afanes de trabajador independiente me obligaron a dejar a un lado esa ilusión. Este país me planteó la necesidad de vivir de algo rentable y que me diera tiempo para hacer lo que soñaba. Empecé a trabajar como técnico metalmecánico, y retomando un oficio que aprendí de joven, pude adaptarme a las regulaciones exigidas, lo que dicho sea de paso no me tomó mucho tiempo.

En las tardes trabajaba en un proyecto de revista literaria, de la cual ya tenía hasta el nombre porque era un sueño que había tenido en mente desde siempre, sueño que pude sacar a la luz al fin en el 2003 con la ayuda de mi fiel compañera y esposa Vilma Sanjuan, quien me ayudaba con el diseño gráfico y de Carmenza Jaramillo, la representante consular de Colombia en Miami. Lancé la *Revista Memoria Cultural* en la sede del Centro Cultural Español, al sur de la ciudad. Para ello contacté a Mario Mendoza, quien era el escritor del momento por su novela Satanás, Premio Biblioteca Breve 2002. Generosamente, el escritor Mendoza, junto con algunos escritores locales de origen colombiano y yo, presentamos la nueva revista. Transcurría la primavera de 2003.

Tal vez por el destino triste y breve que tienen la mayoría de las revistas culturales, el proyecto solo editó seis números y duró un par de años. Por sus páginas pasaron escritores como Federico Andahazi, Jorge Volpi, Edmundo Paz Soldán, el Premio Cervantes del año 1999, Jorge Edwards, la escritora colombiana Laura Restrepo, y el autor nicaragüense Sergio Ramírez, Premio Cervantes 2017. Estos tres últimos con reconocimiento y portada de la revista.

"Tienes que decidirte", me dijo el desaparecido amigo Ignacio Ramírez, una vieja gloria de la cultura de nuestro país, quien también viajó a Miami para apoyar el proyecto en su última fase. Transcurría el año 2005 y su consejo se refería a que yo debía ser promotor cultural o ser poeta. "Es muy difícil sacar tiempo para las dos cosas a la vez, y menos para ti que trabajas construcción en los Estados Unidos", remató.

Por aquellos años ya había escrito mi primer libro de poemas titulado *Memorias del Paraíso*, un intento de poetizar los recuerdos, ya que el tiempo y el exilio se empeñaban en desdibujar mi presente y hasta mi pasado, para que yo solo fuera un número, una estadística más de los inmigrantes de este país.

Los versos de mi poema "Destierro" tal vez logren expresar mejor ese momento: "/a veces creo que estoy en el purgatorio /y todos los seres que habitan mi mundo y me miran con tanta indiferencia y desdén /son parte del juego de su justicia:/el destierro será mi castigo/ por haber traicionado mis sueños/".

Aquí en la distancia nació otro poemario que tiene que ver con mi vida en Colombia y lo titulé *Insurrecciones*. Es una breve antología de poemas de carácter social. Lo presenté en 2012 en Cuba y tiene como epígrafe unos versos de Pablo Neruda que dicen: "La poesía es una insurrección". Aunque algunos poemas fueron escritos en el año 2000, poseen unidad de fe y entusiasmo poético, que no son un misterio creativo, sino algo simple y humano, algo que lo sabe y comprende todo.

Tuve la oportunidad de presentar el poemario *Clamor* en la Feria internacional del México, 2015. Unos de sus versos rezan: "Como el ave que se posa sobre el árbol cortado/ donde un día estuvo su nido y canta/ gritando al cielo su dolor/ yo estoy entre los escombros de mi mundo/ escuchen mi clamor". Es una poesía que reflexiona sobre la desesperanza y los problemas del mundo actual.

LA LIRA ROTA

Escribe con sangre y aprenderás
que la sangre es espíritu
Federico Nietzsche

Nuestros poetas del siglo pasado
le cantaron al cielo y a las piedras
le cantaron al silencio
sin ni siquiera una queja de nuestro dolor

Algunos se hicieron grandes
adornando nuestra desventura
contratados para el olvido
Silenciaron la verdad:
El grito huérfano de nuestra desdicha

Otros, cortesanos de la nada
solo sabían del sarcasmo y la ironía
viviendo siempre perdidos en el tiempo

Hubo quienes no encontraron ni siquiera su propia voz
sin fe, sin alma, cambiaron sus sueños inmediatos
por una cómoda mesada de salarios oficiales
Llegó la hora de la poesía de verdad
de la poesía viva y sincera
Llegó la hora de romper la vieja lira
su música siempre fue ajena
y nunca sonó para nosotros
Llegó la hora de escribir con sangre.

¿DÓNDE ESTÁN LOS POETAS?

Y tú poeta soldado de la vida
¿dónde estás?
¿Por qué has perdido la fe
en tu verso y tu protesta?

Los hombres envenenan los mares
taladran la tierra y
asfaltan los bosques

Los hombres ciegos de ambición
humillan a sus hermanos
Su religión es el odio y la codicia

¿Por qué no vuelves con tus versos
de esperanza y amor?
¿Por qué no les recuerdas el poema sagrado?
¿La profecía del fuego y los desiertos?
Recuérdales: no hay premio a la maldad
Todo orgullo será castigado:
"No quedará piedra sobre piedra".

ESTÁN MATANDO A LOS MUCHACHOS DEL BARRIO
Los Álamos, Cali, 1980

Primero mataron al chico Terranova
había desaparecido el fin de semana
Lo encontraron acuchillado
debajo del puente, junto al río Cali
Después mataron a otro del vecindario
se llamaba Javier, dicen que fue
por una vieja rencilla

En los días siguientes mataron a sus dos hermanos
Todos tienen miedo...

En las noches se escuchan disparos a lo lejos
Por las calles se rumora:
están matando a los muchachos del barrio

Vinieron algunos días de calma
pero después mataron a Pedro
mi compañero de pupitre
Dos hombres lo persiguieron en una motocicleta
alcanzó a llegar corriendo hasta la puerta de su casa
y allí lo acribillaron

Los mismos hombres de la moto también
días después mataron a Holmes el hijo del mecánico

En el día hay una extraña calma
en la tarde regresa el miedo
¡Están matando a los muchachos del barrio!

COMO ME HUBIERA GUSTADO SERVIRLE A LA PATRIA...
Colombia, año 2000

Como me hubiera gustado servirle a la patria...
Pero no como político, la mayoría no sirve para nada
y como su trabajo es tan difícil según ellos
hay que pagarles de más y mantenerlos con sueldos
millonarios hasta que se mueran

No como soldado, no hay guerras justas
La causa más importante
por la que debemos luchar es por la vida:
No hay que morir por la patria
sino vivir por ella

Como policía menos, aunque son los buenos
a veces terminan sin saber
cuidando los intereses y el botín
de los verdaderos bandidos

No como payaso porque en mi país
ya nadie se quiere reír
la cosa está seria, nada es divertido

Como poeta tampoco, no les hacen caso
los creen locos y los olvidan fácilmente

Como sacerdote no:
Mi patria se ha vuelto ahora
una tierra de infieles
donde se odia por todo y se mata por nada

Me hubiera gustado servirle a la patria
como profesor de primaria
y prevenir el mal
Enseñaría a los niños la verdad:
Solo lo que vale la pena
es lo que no se puede comprar
El amor, los sueños, los días de sol
el cielo y las estrellas

Les hablaría del valor
de los saludos y los abrazos
Que hay que ser buena persona
y amar al prójimo
Que el verbo más importante de la vida
no es el verbo tener
sino el verbo amar

Enseñaría a los niños
que las matemáticas
son la medida de la justicia
y son necesarias para vivir
Por no saber restar y dividir
en la patria hay odio
y estamos en guerra

Cómo me hubiera gustado servirle a la patria…

EL POEMA DE LA IRA

Callar, llorar, soportar, ha sido
nuestra forma ciega de luchar
pero ya nuestro dolor no puede más
un grito furioso desgarra nuestra voz

Nuestros corazones son ya
brasas atizadas por la ira

Nuestras manos tiemblan
quieren romper los lazos
los nudos de la resignación

Nuestros dientes no pueden más
se están haciendo pedazos...

RENACER

Sueño con un gran día
el día que por fin rompamos
el viejo contrato que firmaron
casi a ciegas y con una cruz
nuestros abuelos

El contrato de la indiferencia
y la mansedumbre

El contrato de estar atados de pies y manos
impasibles ante el dolor

Sueño con romper sus reglamentos
de absurda cobardía

Sueño con el día de levantarnos
Sueño con el gran día del renacer...

SILUETAS DE TIZA

Siluetas de tiza
sombras del dolor
¿Cuál es el hombre?
¿El de afuera?
¿El de adentro?

Siluetas de tiza
mapas de la muerte

Solo nacimos para mirar
al suelo
buscar el lugar
y preparar el gesto y la caída

Solo nacimos para morir
sin pena ni gloria

Siluetas de tiza
líneas tristes de nuestra caída.

UN BUEN DÍA

Un buen día nos vendrá
el tirano con una rosa

Un buen día se oxidarán
las armas en los cuarteles

Un buen día donarán
sus fortunas los usureros

Un buen día olvidaremos los odios
y sanaremos todas las heridas

Un buen día se vendrá abajo
el negocio de la guerra
En la bolsa de valores
cotizarán en cero sus acciones

Un buen día los que marcharon lejos
a casa volverán
Un buen día mi poema será verdad.

AVES NEGRAS

Una bandada de aves negras
revolotea sobre un ejército de soldados
en la colina...

Ellos no lo advierten
solo miran al frente
buscando furiosos al enemigo
con el alma puesta en sus fusiles
No oyen, no sienten...

No muy lejos
en el cielo contrario
otra bandada de aves negras
revolotea...espera...

SI EL RÍO HABLARA...

Río Cauca, Norte del Valle, 1998

Si el río hablara...
Si el río hablara tal vez nos contaría
la triste historia de los que van
abrazando su cruz
cauce abajo hacia el olvido

Si el río hablara diría nombres
daría rangos
revelaría el secreto
de los blasones
y los soles vendidos
de los que prometieron
salvar a la patria
y son también sus enemigos

Si el río hablara un grito estremecedor
como nuestro dolor
sería su torrente...

CONJURO

A los que nos asustan
con sus marcas en la frente

A los que nos persiguen
a los que nos roban nuestra tierra
a los que nos esconden
en sus guaridas de odio

A los que fundaron el miedo y la cobardía
a los que instituyeron la traición
yo los conjuro:

No habrá lugar ni escondite
para su maldita raza
su infierno será sellado
no nacerán mañana...

PALABRAS VIVAS

Solo quiero ahora la palabra viva e hiriente
Jorge Zalamea

Palabras vivas
para despertar a la multitud
que camina ciega hacia
el abismo de la guerra

Palabras vivas
furiosos anatemas
para el que promete democracia
donde solo vivirán los muertos

Palabras vivas
para el que habla de la patria
nombre abstracto, empresa sin alma
impenetrable burocracia de comerciantes
que solo venden esperanzas

Palabras vivas
para que el providencial
no vuelva a gobernar
Venderá los ríos
endosará en los tratados internacionales
los campos, las montañas, y los mares

Palabras vivas
palabras de bienvenida
para los que vuelven a casa
con sus valijas llenas de dinero

Ayer quemaron sus barcos
en las costas de una tierra extraña
Hoy vuelven por el aire
Con una sonrisa triste
vienen a morir en su tierra
sin fe, sin sueños, sin lágrimas.

UN PUÑADO DE TIERRA

De su patria solo los recuerdos...

El padre hablando del futuro:
Tienes que estudiar
este país te necesita

La madre hablando del amor:
Algún día tendrás una bella familia
y todo será diferente

El hijo soñando con triunfar, con el amor,
con la felicidad

De su patria solo los recuerdos...
tristes recuerdos:
Una noche llegaron unos hombres extraños a su casa
y se adueñaron de todo
Desde ese día sus sueños se hicieron pedazos...
Su padre fue asesinado
su madre huyó buscando refugio
Vive entre desplazados

De su patria solo los recuerdos...
Tristeza, muerte, sueños rotos
y solo un puñado de tierra entre sus manos.

TRISTEZA

Estoy triste hermano mío
estoy triste
Sé cuánto te humillan
y que naciste colombiano
solo para sufrir sin saber porqué

Estoy triste hermano mío
sé que morirás mañana
y yo no puedo hacer nada
nada para evitarlo.

INVICTO

A Jaime Garzón

Con la misma sonrisa invicta
te recuerdo:
Te recuerdo Jaime
querías cambiar el mundo
querías cambiar las cosas
las cosas injustas, las cosas duras
las cosas crueles, las cosas irracionales
Pero tus generosos sueños
te costaron el cielo

Y tu clara voz
con la misma sonrisa invicta
Te recuerdo:
te recuerdo Jaime.

LOS GORRIONES DE SOACHA

A las madres de Soacha

La vida es cuestión de alto vuelo
donde siempre pierden los gorriones

Todos sabían que los muchachos eran buenos
alegres pájaros que jugaban volando de calle en calle
vivían soñando, derrochando juventud
hasta que vino una voz de arriba
una voz fuerte de templanza militar:
Esto es un asunto de águilas y ya se decidió:
A falta de cuervos y gavilanes
buenos son los gorriones

Y todos ya saben el resto de la historia
Sucedió un día en Soacha.

EL PROFETA DEL MAL

A Pablo Escobar

El dinero todo lo puede creías Pablo
pero hiciste mal las cuentas

La revolución que no hicieron
los del trapo azul y la corbata roja
ni los chicos malos de la montaña
la hiciste tú con tu maldad

Todo tiene precio
todo se compra
todo se vende:
patentaste Pablo

Pero hiciste mal las cuentas
una cosa es ser dueño por un día
y otra ser el amo para siempre
Querías el cielo y solo te ganaste
este infierno que ahora vivimos por ti.

BASTA

¡Basta!

Lo escribo con rabia
la tinta es mi sangre
el mensaje es mi dolor
Y lo escribo en cuadernos
en cartas
en muros
en todo lugar
en esta casa de ventanas sombrías
y paredes ajenas llamada exilio

¡Basta!

Estoy gritando hasta que mi voz se rompa
y sangren mis palabras
Basta, no más odio
basta, no más sangre
basta, no más muertes

¡Basta!

Patria ciega
patria furiosa
patria sangrienta
patria imposible

¡Basta!

Lo grito por la ternura robada
a nuestros niños por decreto
¡Basta!

Lo grito a los que pueden
y no quieren: maldita raza
el llanto de nuestros niños
el clamor de nuestras mujeres
todo nuestro dolor no les importa
no les dará réditos

¡Basta!

Lo grito por nuestros adolescentes
traicionados y caídos en el frente
mientras los jefes y los generales
dan ruedas de prensa por radio y televisión
se lavan las manos en la tinta indolente
de las cómplices rotativas

¡Basta!

Ya estuvo bien
ya no más
¡Basta!

CALMA CHICHA

Colombia, año 2013

Este silencio es tan extraño...
todos nos miramos
y los que apenas hacen ruido
y parecen tenerlo todo
en la noche tiemblan y lloran

Este silencio es tan extraño...
Como si viniera de alguien que ha mentido
como si viniera de alguien que ha llorado
como si viniera de alguien que está muriendo

Parece una culpa
parece un castigo
parece una maldición

Este silencio es tan extraño...

ESTÁN MATANDO A LOS MUCHACHOS DEL BARRIO
En las noches se escuchan disparos a lo lejos
Por las calles se rumora:
Están matando a los muchachos del barrio

III
PILAR VÉLEZ

SOY FRUTO DE LA VIOLENCIA
BIPARDISTA DE MI PATRIA

Llega hasta mí el dulce olor del café tostándose bajo el sol de la mañana y el gorjeo de los pájaros que rompen la niebla de las verdes montañas de Santa Rosa de Cabal, Risaralda, la cuna en que nací y a la que recuerdo como un tibio edén de aguas termales sobre la inmensa piel de mi amada Colombia. Tanta belleza se plasmó en alguna de mis huidizas neuronas y, quizás con suerte, sigue presente alumbrando el sendero de mi aventurada escritura.

De la casa en donde se escuchó mi primer llanto y di mis primeros pasos solo guardo el ensueño y las ganas de volver para asegurarme de que sus blancas paredes de adobe han crecido tanto que podría escalarlas y llegar al árbol de mango que amparó mi infancia; y que bastaría con asomarme de nuevo a su ventana para ver que aún soy la niña inocente que juega con palitos y hormigas, mientras espera que le crezcan las alas.

Y es desde esa ventana del corazón, por la que asoma la nostalgia, que le escribo a mi país y me fundo entre las voces de este libro. ¿Cómo negar la semilla y no reconocer quién soy? A mis veintiocho años emigré a Estados Unidos, país en el que con gran esfuerzo he reconstruido mi vida. Al escribir estas palabras me pregunto si de haber permanecido en Colombia habría podido ser quien soy hoy... y muy a mi pesar, me temo que la respuesta es «no». Aunque discrepo de imponerme rótulos, en honor a mi historia y a la de quienes me antecedieron, debo reconocerme en el desplazamiento y en el exilio a causa de la violencia, el miedo y la falta de oportunidades. ...A mediados de los años noventa la vida en Colombia era un capítulo de horror lo que hizo que muchos colombianos buscáramos una salida, un escape. No importaba el destino, ningún lugar podría ser peor que el nuestro. Por ello, un día de junio dejé atrás a mi madre, a mi perra Yari, a mi familia y a mis amigos, y me aventé a un destino incierto. Huía del presente y del pasado que compartí en mi novela El Expreso del Sol; sentí propia la guerra que azotó a mis bisabuelos, y ese fatídico conflicto bipartidista reconocido como «La violencia en Colombia», que le arrebató el esposo a mi abuela y el padre a mi madre, víctimas directas de la violencia política y de todas las violencias, de las cuales ni ellas, ni quienes nos levantamos bajo su tutela salimos indemnes Huía de mi historia y del peligro latente de una muerte temprana en un país incapaz de proteger a sus ciudadanos, y a merced de guerrillas, narcotraficantes y sicarios, para alguno de los cuales seguro mi cabeza tenía ya un precio. Y con el alma adolorida y las manos vacías llegué a otro suelo para seguir viendo por mí y por mi familia.

Aún recuerdo la angustia de esos días, cuando sentía el peso de una gran piedra anclada al pecho; oprimía tanto que no podía siquiera darme el lujo de llorar, ni de gritar y menos de escribir. La Colombia que había dejado atrás estaba conmigo en mi lejano cautiverio y en mi distancia, y sigue estando aquí, en el corazón de esta mujer madura y resiliente que desafía el olvido, y por ello escribe para la memoria, porque el presente está cubierto con las sombras de un pasado que sigue latente en la realidad del país, y eso duele como duele leer las cartas que me escriben muchos jóvenes lectores de mi novela, que me comparten sus experiencias y las de sus familias. Pareciera que ellos, al igual que los personajes de mi obra, viajan en el vagón de un tren que permanece a la deriva de la desesperanza.

Por eso, cuando nuestros labios están cosidos por el dolor o acallados por la mordaza, dejamos que las cosas hablen por nosotros y que su presencia sea la huella de una herida o la cicatriz de una pena, del perdón o del recuerdo. Que no quede duda de que siempre habrá un grito, aunque todo parezca morir en el silencio. «Os digo que si éstos callan gritarán las piedras» (Lucas, 19:41).

NACÍ PARA SER EL FARO DEL FUTURO Y ME TOCÓ SER TESTIGO DE LA OSCURIDAD DEL PRESENTE

Me perdonaría el olvido de cualquier fecha, menos la de aquel domingo 20 de julio de 1975 cuando escuché mi nombre por primera vez y fui galardonada con la enorme plancha de madera que, entre espigadas letras, decía: «Escuela Pública General Simón Bolívar». Aún escucho el sonido de los aplausos y las voces de júbilo de los habitantes de la región, quienes no solo ovacionaban el recuerdo del Libertador, sino también mi laureada existencia. Y es que yo era tan importante que hasta el cura Arbeláez viajó desde la cabecera del municipio para oficiar una misa en mi honor bajo la sombra del samán.

Y si ese domingo fue memorable, más lo fue el día siguiente: una mañana de lunes, tan soleada como la de hoy, en la que mi corazón se extendió como las alas de un águila para cobijar a las decenas de niños que llegaban de las veredas aledañas, sin importarles las horas de caminata, ni los ríos de pantano que había dejado el inclemente aguacero de la madrugada.

Al principio, sentí que sus miradas curiosas auscultaban mis rincones con recelo. Les llamaban la atención mis grandes pizarrones verdes y los pupitres con cajón en los que podían guardar sus mochilas y cuadernos. Tocaban con miedo las pequeñas repisas con libros que los maestros normalistas, recién llegados de la capital, habían organizado en cada salón. Sus ojos vivos adivinaban lo que cada libro guardaba, aún sin abrirlos. ¡Cómo me entretenía verlos dando saltos frente al mástil! Trataban inútilmente de tocar la punta de la ondeante bandera tricolor que plantó el alcalde en la anchura de mi patio. En ocasiones, sentí deseos de bajarla de su asta para ponerla al alcance de sus pequeñas manos, que la empuñaran con fervor para que sintieran que no era un trapo cualquiera y que en ella ondeaba la libertad de un pueblo.

Recuerdo que esperaba ansiosa la llegada de los lunes para volver a ver a mis chiquillos. Uno a uno los contaba cuando cruzaban la puerta. Sus risas y juegos me alegraban el alma y hasta me olvidaba de mis carencias. Yo existía para ellos. Aprendí sus nombres, sufrí sus historias y amé sus sueños. Y no fue el cuartel de policía, ni el hospital, ni los centros comerciales, ni las películas las que inspiraron sus primeros trazos, fui yo, su escuela, la que sembró esperanzas en sus corazones. Mis paredes se hicieron lienzo para acuñar los garabatos y la inocencia de sus primeras letras cuando, a escondidas, se divertían pintándome con creyones y lápices de color. ¡Cómo me alegro de su osadía y de que nunca la administración tuviera fondos para pintarme!

En este ancho patio, ahora invadido por los matorrales, los vi hacer sus rondas, jugar a la rayuela, a la pelota y al escondite. Su lugar favorito de reuniones era junto al samán, en el que aún reposan los restos del columpio. Allá, sobre las piedras, yace uno de los troncos de un «burrito». Recuerdo que los profesores tuvieron que construir tres y asignar uno a cada aula para evitar las peleas.

Aquí, en los salones donde ahora habita la tristeza, aprendieron a leer y a escribir, a contar, sumar, restar y dividir. Aquí escribieron sus primeras poesías y supieron de los cantos y los bailes con los que forjamos nuestra identidad. Los inspiramos tanto que sus sueños traspasaron los linderos y tejieron puentes con el mundo. Algunos, quizás los más afortunados, viajaron a la capital a continuar la secundaria; otros se quedaron trabajando con sus padres al tiempo que nuevos niños llegaban con las mismas ansias de aprender que los primeros.

Así transcurrían mis días hasta ese martes 24 de mayo de 1983, cuando nos sorprendió el ruido ensordecedor de múltiples ráfagas de balas que parecían salidas de la nada. Unos hombres entraron con violencia y les gritaron a todos que salieran a la calle. A empujones los sacaron y los formaron al frente, para que vieran cómo se pueden asesinar las utopías. Mis débiles paredes no pudieron aguantar las descargas y por los boquetes que me hicieron entraba una luz dolorosa. Y vi a mis niños llorar y gritar. Sé que les dolía el daño que me hacían. Temí por ellos, ¿qué sería de sus vidas sin mí? Algunos intentaron correr, pero los golpearon. Se llevaron a los tres maestros y a veinte alumnos, los más grandecitos. A los otros, los más pequeños, los dejaron encerrados en una de las aulas. Les dijeron que no se preocuparan, que dentro de unos años vendrían por ellos.

La tarde cayó como un manto de silencio insoportable hasta que llegó el escuadrón del ejército a cargo del mayor Linares y se los llevó. Nunca más volví a verlos. Quizás cada uno encontró la forma de partir. Yo no pude... me quedé anclada a la soledad de mi vacío.

Yo, la escuela

NO ME CULPES POR EXISTIR.
HUBIERA QUERIDO SER OTRA COSA,
UNA COMETA, UN MARTILLO, UN LÁPIZ
O HASTA EL GUSANO DE UNA GUAYABA...

Atravesamos el Mediterráneo y navegamos hasta el mar Caribe. Anclamos en cualquier puerto y nos trasladaron por tierra a un bosque hondureño donde estuvimos varios meses hasta que llegó la droga y se hizo el canje. Nos embarcaron y llegamos a Panamá con destino final Colombia. Llegamos a La Guajira y allí estuvimos hasta el 31 de diciembre de 1982 cuando nos descargaron. Escuché el sonido de las cajas de madera sobre el piso de las camionetas y las voces de algunos hombres que reían y se ufanaban de lo fácil que les había resultado el desembarque. En cuestión de segundos los vehículos desaparecieron del lugar dejando la estela sombría de un mal presagio.

El tres de enero, en la noche, nos trasladaron a una casa lujosa en las inmediaciones de El Chicó, en Bogotá, y de allí no volví a saber nada hasta aquella tarde, cuando una brigada del ejército comandada por el Mayor Linares irrumpió de manera intempestiva y me decomisó entre 50 ametralladoras tipo M-60, 35 proveedores tipo caracol de 100 rondas, 300 granadas tipo MGL, 49 fusiles, 26 pistolas calibre 9 milímetros, 122 proveedores para pistola, 6321 cartuchos para fusil, 350 cartuchos para pistola y 18 miras fijas. Los explosivos no se los llevaron, pero estaban ahí, entre las paredes cubiertas de mármol de carrara que separaban los baños y los gabinetes de la cocina.

Observé el rostro atribulado del capitán Linares mientras supervisaba el inventario y la documentación del hallazgo. El gran salón de la residencia había quedado pequeño para la cantidad de armamento decomisado «¿Cómo llegó este arsenal a la capital sin que nadie se diera cuenta?», le preguntó Zapata al capitán, quien le contestó: «¡Por la misma vía en que va la droga, Zapata! Las armas y la droga son lo mismo, ¡entiéndalo.» Y si yo tuviera voz, es habría dicho que el mercado ilegal y la exportación de armas a países en desarrollo son tan siniestros como introducir drogas a países desarrollados.

Pese a la publicidad que tuvo el éxito del operativo y los ascensos que se otorgaron, por esos caminos ciegos las armas fueron robadas y despachadas a su destino: el frente comandado por el famoso Trujillo o «Madre Monte», quien al ver su cantidad y la perfección de su estrategia se sintió complacido y dispuesto a ir por más.

****

–¿Cuándo estarán listos? —pregunta Trujillo a Coronado, con tono displicente.

–Ya comenzaron el entrenamiento y están aprendiendo poco a poco, mi comandante.

–Yo le dije que estaban muy pequeños. ¡No sé cómo lo va a hacer, pero de esos ratones me entrega combatientes!

Trujillo pasa revista y los repara con desgano. Él no es de aquellos que sienten compasión por nada ni por nadie. Creció en la selva, entre narcotraficantes y guerrilleros, y desde que era un chiquillo aprendió a ganarse su lugar porque nunca le ha temblado el pulso para disparar. Es implacable, inflexible. Nunca fracasa en sus misiones. Calcula cada paso y avanza como un tigre.

–Comandante, algún día quiero ser como usted. A mí también me gustan mucho las armas.

–¿Y usted cree que a mí me gustan? ¡No sea pendejo! Nosotros usamos las armas porque la guerra nos obliga. Su fusil es su único compañero. ¡Más vale que les enseñe a morir por la causa! ¡Nosotros somos su religión, su familia, su todo! Somos los combatientes de la patria y de aquí tendrán que salir los que un día la gobernarán. ¿Entiende, Coronado?

–Sí, mi comandante. Así será –responde en voz alta, mientras hace un saludo militar.

–Fórmelos, quiero ver qué tanto saben.

****

A lo lejos se escucha la voz de Coronado, «Guerrilla: a discreción», y el sonido de las botas denuncia la presencia humana irrumpiendo en la calmada respiración de la selva. Anoche escuché que Trujillo lleva más de cuarenta años en la guerrilla y que hace tres años dirige este frente. En medio de unos tragos recordó que «Tarzán» fue el primer apodo que le puso «Tirofijo», cuando lo capturaron en la selva. Luego lo llamaron «Chapul», porque le tenía pánico de pisar las minas quiebrapatas que él mismo enterraba, y que sus saltos eran tan grandes que parecía volar sobre los montes. Ya de adolescente lo llamaron «Rasputín», por la fuerza de su mirada y el aire de loco que se le percibía cuando se dejó crecer la barba y el cabello. Después lo mandaron a las ciudades a reclutar estudiantes y lo llamaron «Pablo». Era otra persona y hasta su voz sonaba distinta. Llevaba tantos años en el monte que cuando estuvo en la ciudad lo primero que hizo fue caminar por los centros comerciales, ir a las salsotecas y comprarse muchos libros. Se preparó lo suficiente para que los universitarios y catedráticos creyeran que era un poeta sabio y convincente. Lucía una boina, unos espejuelos de marco redondo y una mochila.

Me llamo Simón Trujillo o «Madre Monte», dice en voz alta mientras me sostiene entre sus manos y observa al grupo de niños y jóvenes que lo miran sin parpadear y en silencio. Me ha afinado con curia hasta dejarme perfecto. «¡Si lo tocan, se mueren!», ha dicho en tono tajante y me ha dejado sobre la mesa.

«Julio Gallito» no le ha quitado el ojo. Dejó de llorar a los tres días de haber llegado al campamento. Él es el más aguerrido. Se nota que ansía tenerme entre sus manos. Le gusta disparar, hasta le tienen que gritar para que se detenga, pero él se hace el sordo. Lo tienen sin cuidado los castigos. Cree que esto es un juego. El ¡tatatatá! ¡tatatatá! lo emociona; en cambio el pobre Ignacio, «Pío-pío», no puede conmigo ni con nada. Le pesan las botas, todo se le cae, se queda dormido en la guardia, no coordina la secuencia de los movimientos y le tiemblan las manos y las piernas. Nunca estará listo. «¡No tienes espíritu de combatiente!», le ha gritado Coronado un millón de veces. Lo peor es que no habla. Cada vez que puede, coloca su fusil sobre el piso y se queda ensimismado observando el filo de luz que dibuja las montañas; se refugia en el silencio. Quisiera ser un ave y salir volando de ese infierno. Lleva días planeando escaparse. Su silencio incomoda. El día que Trujillo se burló de él y le puso «Pío-pío» no dijo nada, se aguantó como un macho; eso le molestó a Trujillo, pues a leguas se notaba que quería burlarse más, y no pudo. Con el maldito silencio de la selva es suficiente. Aquí su mutismo no hace gracia.

****

Ahora me sostienen unas manos frágiles de dedos pequeños. Es Diana. No ha resistido la tentación y en un descuido de Trujillo me ha levantado de la mesa. Al verla, «Julio Gallito» le ha dado un fuerte empujón y la ha tumbado al piso. He caído sobre la mesa dando un fuerte golpe. Diana mira a Gallito con ira, ni siquiera se ha dado cuenta que tiene el labio herido. El pequeño salón se ilumina con el fuego de sus ojos verdes. Me recuerda a Emir, el niño-bomba... Quizás tendrían la misma edad, ¿nueve?, ¿quién sabe? Es difícil saberlo con los niños de la guerra. Ellos no son como nosotros, ellos no se desgastan con el uso y tampoco se pueden reparar.

El golpe alertó a Trujillo, quien como en sus épocas de «Chapul» ha dado un salto hasta la mesa. Tiene los ojos tan desorbitados como aquella mañana del martes 24 de mayo de 1983, cuando se divirtió estrenándome como a un juguete nuevo. Desde hacía mucho tiempo quería un Galil Ace 51. Recuerdo que no paró hasta agotar mis municiones sobre aquellas paredes que, cual papel en blanco, eran abatidas junto aquel gran letrero que decía «Escuela Pública General Simón Bolívar». Lejano, entre la nube de polvo, se podía divisar la majestuosidad de un gran árbol y, en la calle, el terror de un grupo de niños devorados por la guerra.

Yo, el fusil

SOLO PODRÍAN ENTENDERME AQUELLOS QUE COMO YO TIENEN LA VIDA DESTINADA A SER RECIPIENTE DE TRISTEZAS

Andrea se levantó muy temprano y se aseguró de ocultar, en lo más profundo de mi interior, los cuatrocientos cincuenta mil pesos que había ahorrado durante los últimos seis meses. Por fin podría comprar el par de zapatos de cuero italiano de color marrón que tanto le gustaban a Manuel. Ya se imaginaba a su galán luciendo su traje azul oscuro con la camisa blanca almidonada y la corbata amarilla que le obsequió el día de su graduación. Estaba a un paso de ser contratado por *Primicias*, una de las revistas noticiosas más importantes del país, gracias al magnífico cubrimiento de los últimos enfrentamientos entre los grupos alzados en armas y las fuerzas militares, la bochornosa denuncia del robo de armas en los predios del ejército y la investigación que adelantó en la cual, con videos, confirmaba que en las filas de la guerrilla tenían niños combatientes. El documental, las fotos del asalto a la Escuela Pública General Simón Bolívar y las entrevistas a los padres de los niños, le dieron la vuelta al mundo. Trabajos periodísticos que le merecieron graduarse con honores y varias publicaciones en medios especializados a nivel nacional e internacional.

Esa mañana soleada de lunes, Andrea se trasladaba en autobús a su trabajo cuando se percató de que en la parte delantera del vehículo dos hombres tenían arrinconada a una de las personas que iban de pie. Sintió deseos de gritar y poner en aviso a los otros pasajeros, pero se contuvo. Respiró profundo, revisó que mi cremallera estuviese cerrada y de prisa se levantó del asiento con la intención de bajarse, aunque le faltaban dos paradas para llegar a su trabajo, la estación de radio «Vocesss» que había fundado con Manuel y otros compañeros de la facultad. Solo hacía una semana que le habían dado de alta del hospital, y a pesar del miedo que le producía salir a la calle se armaba de valor y se encomendaba a Dios para que le diera fortaleza y protección. Esta vez, y con sentimiento de culpa, prefirió no hacerse la valiente y huir ante el peligro, aunque sentía que traicionaba sus principios y su prédica en contra de la cobardía y la indiferencia. Se escuchó a ella misma diciendo palabras vacías: «La sociedad debería hacerle frente al mal con honor, ejemplo y valentía. El mal no puede triunfar contra el bien. Los ciudadanos debemos proteger el orden y respaldar las instituciones». Empero, el miedo y el peso de las palabras de su madre —quien a diario le recordaba que ya era suficiente con ser periodista igual que su padre, como para creerse también la Mujer Maravilla y, además, la esposa de Manuel con sus delirios de Superman— le hicieron aceptar su realidad y cosió sus labios. Se juzgaba tan débil y vulnerable que sentía lástima de ella misma. El padre de Andrea, Reinaldo Bermúdez, secuestrado y asesinado era reconocido como una de las glorias de la radio, y en ella, Andrea Bermúdez, los medios advertían la herencia de la voz, el talento, el ímpetu y la pasión de su padre, aunque lo cierto era que de aquel espíritu ya no quedaba ni la sombra. A empellones logró llegar a la puerta y bajarse del autobús. Sin querer ser ave de mal agüero, imaginó que horas más tarde, o al día siguiente, anunciarían que un infeliz llamado Juan, Ramiro, Carlos, Álvaro o José, había resultado herido o asesinado por resistirse a un atraco en un autobús o a un secuestro.

Asimismo, especuló que ese infeliz ser humano pudo haber sido ella, y que, con mucho dolor, habría tenido que entregarme a los delincuentes y quedarse con la ilusión del regalo de Manuel.

    Por ello no lo pensó más y al medio día, al salir de la emisora de radio, me colgó en su hombro y nos dirigimos a la tienda "Romano". Tenía fe en que todavía le tendrían el encargo que había separado cuatro meses atrás con un depósito de cincuenta mil pesos. El vendedor subió la escalera, bajó una caja del anaquel de la bodega y, leyendo el recibo, le dijo: «Andrea Bermúdez, estás de suerte. Tus zapatos talla cuarenta y tres no se han vendido». Andrea retiró la tapa de la caja, los tomó entre sus manos y revisó que la talla estuviese correcta. Deslizó con suavidad su dedo índice por las finas costuras y le comentó al vendedor que soñaba ver a su esposo luciendo esos zapatos tan elegantes el día de su entrevista de trabajo. El vendedor, complacido por el comentario, exclamó: «Yo quiero una mujer así de detallista. ¿Será que tienes una hermana que me puedas presentar?» A Andrea le pareció gracioso y entre risas le contestó que no y que había hecho un gran esfuerzo para comprar un regalo tan bonito, pero que su esposo merecía eso y más. El vendedor recibió el dinero, le entregó el recibo y la bolsa de papel en la que reposaba la caja de color café donde sobresalían, en dorado, las grandes letras en mayúsculas: «ROMANO. GENUINE LEATHER FROM ITALY». Y en su interior, la elegante bolsa de tela de gamuza color beige y un grueso cordón dorado con el par de zapatos más hermoso que Manuel vería en su vida. Andrea sintió en ese momento que el mundo era perfecto, y con gran satisfacción salió de la tienda rumbo a la cita con su esposo en una cafetería de la plaza Caicedo.

Los recién casados se saludaron con un tierno beso y se sentaron a conversar mientras les tomaban la orden del almuerzo. Sin vacilar, Andrea le pidió a Manuel que cerrara los ojos al tiempo que introducía un sobre blanco en la bolsa. Al abrir sus ojos, el joven se maravilló con la sorpresa. Su cumpleaños había transcurrido entre trasnochos y preocupaciones en el hospital donde Andrea estuvo recluida después de que un par de sicarios la violaran, le apuñalearan el vientre y, creyéndola muerta, la dejaran abandonada en un basurero. Un adolescente llamado Ignacio la encontró cuando pasaba en su carreta buscando material reciclable y al ver el cuerpo se acercó y de inmediato la cargó en su carreta y la llevó al hospital cercano. Ignacio, que les confesó haberse escapado de la guerrilla, ha estado en contacto con Andrea y Manuel, quienes le han prometido que lo ayudarán a encontrar a su familia. Andrea, con el mismo carácter de su padre y pese las advertencias, tuvo el coraje de publicar varios testimonios sobre extorsiones y casos que, por miedo, no habían sido reportados a las autoridades y fueron cometidos por las bandas criminales que controlan la ciudad y exigen el pago de *vacunas* a ciudadanos comunes y pequeños comerciantes. No faltó quien le reprochara que su trabajo era suicida y que le iría mejor cubriendo noticias de farándula. Lo cierto es que su osadía por poco le cuesta la vida, y quienes la conocían temían que esa deuda siguiera pendiente.

Manuel y Andrea sabían que mudarse a Bogotá no era la solución, pero que con el nuevo trabajo de Manuel pondrían distancia a las amenazas locales, ahorrarían dinero e intentarían salir adelante. Aún no recibían respuesta de la solicitud de asilo y cada minuto que permanecían en la ciudad era todo un desafío. Durante las semanas en el hospital, y a la par de su recuperación, Andrea vivía un tormento: ¿cómo podría tener el valor de irse y dejar a su madre anciana? ¿Quién velaría por ella? ¿Y si en represalia la mataban...? ¿Qué haría Manuel con su madre enferma y con su hermano que apenas estaba terminando la secundaria?, ¿y qué sería de la empresa que con tanto trabajo habían podido levantar, los préstamos que había hecho y la cantidad de oyentes fieles que seguían a diario las transmisiones? Sin su voz, muchas voces se silenciarían y eso le dolía intensamente. Un pedazo de su alma se había desgarrado para siempre y prefería pensar en las consecuencias que su decisión acarrearía para los otros, a concentrarse en su propio sufrimiento.

Esa tarde Andrea omitió su pena y se concentró en los ojos negros de Manuel, en la dulzura de su rostro y en los largos dedos de sus manos. Manuel sacó la caja de la bolsa y miró su interior. De repente, levantó su mirada hacia los ojos de Andrea y dejó ver su en su rostro la inolvidable sonrisa que le produjo leer las famosas letras doradas. «¡Andrea, esto no me lo esperaba! ¡No sé cómo lo has hecho!» expresó con ternura al tiempo que levantaba la tapa. Tomó la bolsa y la olió, «¡qué rico huele el cuero!» agregó. Nos tomó con cuidado y exclamó entusiasmado: «¡Mi bella, son perfectos!». De inmediato, y para sorpresa de Andrea, se quitó sus zapatos viejos y nos calzó. Caminó varios pasos y, de súbito, dio un taconeo para que Andrea lo viera; sin darse cuenta, en su rápido movimiento tumbó el estuche de guitarra que estaba recostado a la silla. Una hermosa joven, que se encontraba sentada en la mesa del lado, se apresuró a recogerlo ante la mirada vigilante de su compañero, un hombre de barba que lucía con garbo una boina negra. Manuel se excusó con la joven y le dijo a Andrea: «Estos zapatos solo podrían ser para mí. ¡Me los llevo puestos!». Felices y optimistas, almorzaron y se despidieron para reencontrarse en la noche, pues Manuel saldría a primera hora rumbo a Bogotá para la entrevista.

Andrea permaneció en la cafetería unos minutos, mientras se tomaba un café y guardaba en la caja el par de zapatos viejos. Al meterlos en la bolsa se percató de que él no había visto la tarjeta. Salió a la puerta de la cafetería para llamarlo, pero ya no había ni habría rastro de Manuel. Tomó la tarjeta y la metió en uno de mis bolsillos y sonrió. Desde ese lunes han transcurrido doce años de angustia, soledad, tristeza, desplazamiento y exilio.

Yo, el maletín

EN MÍ DESCANSAN LA TRISTEZA, EL MIEDO, LA HOSTILIDAD, LA FRUSTRACIÓN, LA IRA, LA DESESPERANZA, LA CULPA, LOS CELOS, PERO TAMBIÉN LA FELICIDAD, EL HUMOR, LA ALEGRÍA, EL AMOR, LA GRATITUD, LA ESPERANZA Y LA COMPASIÓN

Estamos aquí, en este salón apesadumbrado en el que la memoria y el dolor se funden y las voces de las víctimas se convierten en el eco de lo indecible. Las paredes y nosotras, las sillas, escuchamos atentas. Nos sostenemos firmes para sostenerlos a ellos. Quisiéramos tener brazos cálidos para abrazarlos y manos tiernas para secar sus lágrimas. Estamos aquí, confinadas a la misma congoja de los cientos y miles de personas que vienen, esperan, cuentan y se van, llevando a cuestas la misma tristeza.

Cuando estás a disposición de otros que te llevan o te arrastran para que estés en el lugar donde te necesitan te inflas con algo de orgullo, pero la ausencia de libertad hace que abraces el nihilismo en su raíz más profunda. Así me siento. Yo soy una de las sillas y estoy confinada a este purgatorio, al igual que los muros pintados de azul, la fuente de agua, y el equipo de personas que trabaja en esta cruda tarea de desenterrar la muerte para reclamar la vida. Sin un nombre, los cuerpos morarán en el cementerio universal al que han ido miles de N.N. Se necesita de un nombre para que por lo menos una cruz o una placa atestigüe la existencia.

Hoy es un día distinto. Muchas personas han venido desde tempranas horas de la mañana y todas las sillas estamos ocupadas; cargamos el peso de los dolores ajenos y que, por alguna razón, no podemos ignorar. Observamos en sus rostros el desconsuelo y la huella profunda del cansancio, pero hay algo más... Quizás es la esperanza, el deseo o la ansiedad; los sentimientos se amalgaman y a veces los percibimos leves y confusos.

Una chica se aproxima, le pide al señor que me ocupa que me ceda para su madre, y él, amablemente, me deja libre. Parece que el dolor compartido es refugio amoroso de la solidaridad. A falta de otra silla, la chica se ha acurrucado en el piso y a su lado se ha tumbado también el señor que me ocupaba. Ahora sé que el caballero que me cedió se llama Franco, que ella se llama Andrea, y que además de su madre ha venido con ella su cuñado, llamado Luis.

Algo nerviosa, Andrea registra su maletín que se ve viejo, gastado, como si hubiera sido guardado por años esperando este momento. En él trae varias carpetas con documentos legales, copias de cartas, reportes dentales y fotos... Me doy cuenta de que esas fotografías son de Manuel, su esposo, desaparecido hace doce años.

Por las conversaciones a mi alrededor me entero de que Andrea y su mamá acaban de llegar al país. La noticia inesperada del hallazgo de una fosa común en el cementerio de Dabeiba las hizo regresar. Andrea tiene la esperanza de que, entre los restos encontrados, estén los de su esposo. Su cuñado está reticente. No es para menos, perdió a su hermano y por esa razón su madre se suicidó. Algo me une a él... creo que es esa sensación de que nada importa, o quizás porque, a pesar de su juventud, ya lidia con el peso de muchas vidas. Siente que arrastra una carga que no le pertenece y que lo hunde. No entiende cómo heredó una patria en la que no puede vivir, tiene la urgencia de pasar la página y escribir su propia historia.

Poco a poco voy entendiendo qué ocurre en esta sala. Es el encuentro de la vida con la muerte. Hay personas como Franco, que acompañan en el dolor, pero no es el suyo. Para Franco esta pena es un roce, un breve estremecimiento, no anida en sus entrañas ni carcome su existencia. Hay personas como Andrea que guardan la esperanza de conseguir algo que identifique los restos de su esposo, algo que le diga que, en efecto, fue asesinado, porque para ella el velo de la ignorancia es más pesado que el dolor de la verdad; personas como Luis, que buscan sin querer encontrar, porque prefieren soñar que el ser amado aparecerá en cualquier momento para contar las aventuras de un viaje inesperado, o personas como este anciano que se ha acercado al grupo que se formó a mi alrededor.

Él luce inquebrantable, no quiere mostrar el dolor que lo invade. Sin embargo, su experiencia le dice que la esperanza siempre está sujeta de un hilo muy delgado. No fantasea como Luis ni espera como Andrea. Dice que lo importante es trascender, que otros sepan lo que fuiste, que la vida no se acaba si hay alguien que te recuerde; por eso ha venido con su nuera y con sus nietos, para que siempre tengan presente que tuvieron un padre digno, el mayor Santiago Linares, y que ese padre fue arrastrado a la muerte cumpliendo con lo que consideraba su deber. Quiere que ellos sean testigos de la verdad para que nada ni nadie empañe su memoria. Es atrevido, pues en su cuerpo cansado ya no queda lugar para el miedo. El tono de su voz retumba en la sala y su presencia inspira respeto. Es él quien ha comentado que un exmilitar de apellido Zapata informó a las autoridades sobre la fosa de ese cementerio en el que enterraron a más de cincuenta civiles, hombres y mujeres que fueron asesinados y reportados como «bajas en combate». Que los mataron y los hicieron pasar por guerrilleros. Asegura que son muchos más, como dos mil «falsos positivos», que hay familias que se desvanecieron completas, y que cuando los asesinos sientan que *la pelona* está cerca les dará por contarlo todo para no irse al infierno. «Al menos, algunos cobardes todavía creen que hay un dios en el más allá», exclamó. Tiene temple, cuando él habla todos escuchan. Algunos asienten contagiados de valentía y se atreven a comentar lo que saben, otros disimulan y se distancian de la conversación tratando de no inmiscuirse, ocultando quizá el temor que aún los despierta en las noches.

Desde el fondo de un pasillo sale una oficial que interrumpe la conversación y les pide a los presentes que pasen a otra sala. Todos se levantan y empiezan a transitar con lentitud y nerviosismo. De pronto, un grito ahogado que viene desde el lugar señalado por la oficial ha hecho que alguien me arrastre hasta la puerta. Es una señora, que se siente sin fuerzas para resistir de pie. La sientan y entonces me entero de lo que sucede. Lleva días sin dormir. Su pulso se ha acelerado, imagina que el cuerpo descompuesto de su hijo estará exhibido sobre una fría plancha de metal, en la que se encuentran decenas de cadáveres. Su mente ha recreado las escenas más pavorosas que puede soportar. «¿Cómo podrá reconocer a su hijo, si han dicho que los cuerpos son irreconocibles y que los vistieron con uniformes de la guerrilla?, ¿y si pasa frente al cuerpo y no lo reconoce?». Un huracán de preguntas y emociones la desarma. Ha cerrado los ojos. No es capaz de levantarse.

Los agentes de la fiscalía les han pedido a las personas que examinen con atención los objetos que se encuentran exhibidos, entre los cuales se distinguen algunas piezas de ropa mutiladas, correas, remanentes de telas, billeteras vacías y varios zapatos. El silencio reina en el espacio. Las personas siguen entrando y caminan sin saber por dónde empezar.

Luis no ha querido pasar. La madre de Andrea se ha quedado acompañando a la mujer que yace sobre mí. Desde allí contempla impávida, como si en ese momento la fuerza de una verdad que se negó a creer se le revelara amordazándole el cuerpo y el alma.

El silencio se apodera de la sala. Andrea avanza despacio. Es la primera vez que tiene esta experiencia. Observa con calma cada objeto hasta que llega a un zapato de color marrón oscuro. Sin pensarlo desliza su dedo sobre sus costuras desgastadas por la humedad de la tierra, lo levanta con cuidado para ver si hay alguna marca en su interior. Siente que una corriente helada se apodera de su cuerpo cuando sus ojos se enfrentan a la imborrable marca de cuero que dice «ROMANO. GENUINE LEATHER FROM ITALY». Mira el otro costado, aún incrédula, y alcanza a leer «Size 43». Lo suelta y siente que el universo se desploma.

Su madre corre hacia ella y el llanto es incontenible. Se desata el dolor de los años de espera y del vapor denso que anuda su garganta brotan murmullos que apenas alcanzo a comprender. Habla de los ojos de Manuel y la frescura de su sonrisa, sus cuidados en el hospital y el recuerdo de la última vez que la besó, ese lunes cuando lo vio salir de la cafetería. El pasado vuelve y duele, y el aire hiere con el filo de cada recuerdo. Dice que jamás imaginó que la vida del hombre que aún ama, y que tanto bien le hizo a la gente, costara cien mil pesos. Mucho menos que los zapatos italianos que llevó puestos y que lo acompañaron a la muerte.

Con el rostro enrojecido por el llanto y sus manos temblorosas, levanta el zapato del piso, y en un acto solemne lo devuelve a la mesa. Saca del maletín un sobre con el color desvaído que le pintó el tiempo y lo coloca en su abertura, en él se alcanza a leer: «Con amor para mi amado Manuel, que este regalo sea el comienzo de un nuevo camino».

Yo, la silla

AUN TENIENDO LA VOCACIÓN DEL ORGULLO LA VIDA NOS CONMINA A EXHIBIR NUESTRAS VERGÜENZAS

¿Por qué tardaron tanto?, ¿en qué trinchera ideológica o política se amortajó mi existencia? Pareciera que por fin dejaré de ser una colección itinerante y que Bogotá, la vibrante capital, consolidará mi permanencia durante su bicentenario. El obscurantismo histórico es lo peor que le puede pasar a un país violento que decide caminar con los ojos vendados; por eso celebro con beneplácito la noticia de que la patria no rechazará más su realidad y que reclama la dignidad de su memoria. Enhorabuena regresarán las clases de historia a las escuelas, colegios y universidades. Los colombianos tendrán la oportunidad de analizar su experiencia bajo la luz del conocimiento y leerán su pasado en un presente ávido de transformación. Ahora ellos están plenos para tomar las riendas de sus vidas y defender los derechos que les pertenecen. ¿Qué harán con tanta luz?, me pregunto.

Gran cantidad de personas me reciben con entusiasmo; otros, con incredulidad; algunos, con miedo (pues no saben otra forma de vivir) y muchos, con esa indiferencia que se ha anquilosado en las entrañas de un siglo despiadado. Aun así, yo sueño con el día en que pueda decir que hasta el más reticente de los colombianos, vino a verme.

Yo seré para todos, un monumento a la verdad y un símbolo de la resiliencia de su humanidad. Doy fe de que los objetos encontrados o entregados, «Mis cosas», les darán visibilidad a las víctimas, contarán qué sucedió, a quién y porqué. La verdad nos hará libres, será el faro que ahuyente la obscuridad y el testimonio perenne de que juntos libramos la peor de las guerras. Mi curaduría traspasará la materia y tejerá en las almas la necesidad de reconciliación.

Los objetos que aquí se muestran, alguna vez constituyeron un deseo y edificaron los sueños que consolidan el porvenir. Pertenecieron a alguna persona que hizo algo por alguien o por un buen motivo, e imaginó un futuro que no llegó. Hoy son la denuncia de lo ignorado y la esperanza de la paz. ¿No soy yo una forma de resarcir ese legado?

Porque reconozco mi papel prometo que no solo seré una fuente de conocimiento, sino que me dispongo a abrir las puertas para el encuentro con la verdad. Tenemos vacíos que reparar y mentiras que desdecir. Aunque les parezca extraña la visión y escucha de los objetos que cobijo, es la forma de comprender las historias que necesitan ser conocidas, porque en el olvido yace placentera la desidia, y la paz solo se aprecia después de la turbulencia.

Atrás han quedado los conflictos que acusan al presidente, al director del museo, a los intelectuales y encargados de estar alineados para manipular a conveniencia la verdad y la objetividad de la exhibición. Algunos colaboradores se han retirado del proyecto y ante tal división muchas personas han decidido abstenerse de participar. Quizás piensan que hace falta mucho más para que la violencia deje de restallar en nuestras rutinas, pero yo, el museo de las cosas, quiero mostrar lo que se ha pretendido esconder. Solo hay que dar el paso y deshacer las murallas que ha erigido el miedo en cada uno de nosotros. Unir las manos y sentir al otro como a uno mismo.

Exponiendo la infamia abrimos en el vaivén de la memoria la posibilidad del «nunca más», por eso les doy las gracias por estar aquí y escuchar a los objetos que hablan por sí mismos. Cada uno de ellos es un vehículo testimonial y un instrumento que expresa lo que en otros lenguajes es imposible. Son los testigos silentes de la historia y claman ser escuchados. Este no es un lugar para el combate, sino para el diálogo –nos dicen– y saben que su presencia revela verdades y arroja las luces que disipan la pesadilla. Están aquí con el poder sanador que trae la certidumbre.

Yo, el Museo de la Memoria
Contemplado en el artículo 148 de la Ley 1448 de 2011

AHORA SERÉ LA MÚSICA DEL SILENCIO

Yo le pertenecía a Sandra Carvajal, la estudiante de música que secuestraron hace cinco años y cuyos restos hallaron en 2015 en una de las 5.547 fosas comunes que se han encontrado. Estos grabados en mi cuerpo los hizo ella, al igual que la pintura que aparece en mi estuche. La tía de Sandra escribió la nota que aparece en la mesa, en ella asegura que, además de su familia y sus amigos, yo fui lo que su sobrina debe haber extrañado más, por eso me trajo aquí. ¡Yo soy la guitarra de Sandra! Solo ella reconocía el metal de mi voz. Juntas espantábamos los fantasmas, los miedos y las pesadumbres que traen aquellas noticias que se dibujan en el alma. Me sentía importante, esa era nuestra contribución, éramos uno, tejiendo la paz que alimenta los sueños. Recuerdo que a ella le gustaba componer canciones sobre el amor y la libertad.

Teníamos muchos planes... queríamos enseñarles a otros a tocar la guitarra... ¡Qué pena me da la familia de Sandra!, tan alegres que eran. Desde que Sandra se fue, los domingos son otra cosa. La abuela ya no tiene quien le cante sus canciones de antaño y a mí, a mí me olvidaron en un rincón, en el mismo sitio en el que depositan sus miradas de tristeza y desolación. ¡Extraño sus voces! Ya nadie me aplaude ni me toca. Es triste. Cuando ella cantaba la gente sonreía y en sus ojos, juro que se asomaba un pedacito de cielo. Aquí en este panteón de objetos, nunca más volveré a sonar, pero mi silencio honrará su memoria.

Yo, la guitarra

AÚN, DESPUÉS DE TODO, HAY UN PAÍS Y YO SOY SU BANDERA...

Soy la bandera de Colombia. A mí me trajo el cura Arbeláez. Él pidió prestada la escalera del cuerpo de bomberos y, con dificultad, me bajó del asta. Luego se sentó sobre las raíces del samán y mientras oraba me tomó en sus manos con delicadeza y me dobló hasta depositarme en el interior de una caja vieja de zapatos de color café. Sacó de su bolsillo dos fotos: una del día en que inauguraron la escuela y otra que tomó después de que fuera destruida por la guerrilla. Las puso sobre la bandera y cerró la caja. En la etiqueta blanca que pegó sobre la tapa escribió la nota que ha sido transcrita y aparece pegada en la pared: «Lo que quedó de la bandera de Colombia y de la Escuela Pública General Simón Bolívar del corregimiento de Puertolindo en Antioquia». Escribió también que sigue buscando a dos de los tres maestros y a quince de los veinte niños secuestrados, pero eso lo omitieron en la nota. Yo hubiera preferido que me dejaran guardada en esa caja. Desde aquel martes 24 de mayo de 1983, mis colores se fundieron en la apesadumbrada nube que envolvió la escuela y en el sonido de las descargas de fusil y las ametralladoras. Cada bala cercenó mi historia, la de quienes murieron por mí y lo que represento. ¿Cómo alzarse al viento con el peso de esta guerra de odios y ambiciones? ¿Dónde estaba mi patria para proteger a los niños y maestros que con tanto amor alzaban sus ojos hasta mí cuando cantaban desde el corazón el himno nacional? Sí, estoy aquí, y no quiero que me laven, ni que me planchen, ni que me remienden, ni que me hinchen de orgullo, quiero que me dejen así, raída, adolorida y mugrienta para que no nos diluyamos en el olvido y para tener presente –siempre– que se necesita amor, justicia, perdón y paz para poder alzar juntos una sola bandera.

Yo, la bandera

QUE MI PRESENCIA ACUSE LA VERDAD

Yo soy la medalla al valor y le pertenecí al mayor Santiago Linares. Sus tres nietos y su nuera me trajeron hace una semana. Ellos no han encontrado los restos, pero decidieron que yo soy un símbolo de lo que era Santiago. Su padre, que también fue militar, entendió que ellos eran víctimas de la guerra y no héroes, y aceptó que la familia necesitaba un proceso de memoria. Mi frío metal no guarda los latidos de aquel corazón fiero, valiente y orgulloso que, sin importar la dificultad de la tarea, se arrojaba en cuerpo y alma a lograrla. Siempre pensó que hacia lo correcto, y puedo atestiguar que detrás del uniforme había un ser humano tan sensible y vulnerable como cualquiera, y es por eso que a mi lado los niños han dejado los dibujos que hicieron en recuerdo a su papá. Uno de ellos, lo pintó con su uniforme y una pelota de balompié, y el otro, lo dibujó dentro de un gran corazón. Los veo tranquilos, no dicen nada. Solo observan los objetos que hay en esta gran sala. Poco a poco han ido acostumbrándose a la ausencia, a la espera y a la incertidumbre de no saber nada.

Cuando la familia me entregó al museo, sintieron que daban un paso hacia la sanación y la reconciliación, aunque en el fondo saben que les será difícil perdonar a la patria, y que para ello necesitarán valor.

Yo, la medalla al valor

DESDE MIS HILOS ENTRELAZADOS HABLARÁ LA POESÍA

Yo le pertenecí a José Anacona, nombre que él olvidó porque cuando lo secuestraron era muy pequeño y sufrió un trauma que nunca le permitió recordarlo. Se adueñaba de nombres que le gustaban o de los alias que le ponían, a los que representaba con protagonismo. Antes de que la guerrilla lo secuestrara, a él le gustaba jugar con sus hermanos, recoger madera y comer las viandas que preparaba su mamá. Era un buen niño, pero muy pronto se olvidó de su niñez. Lo apodaron «Tarzán» y cuando él supo que en verdad era el nombre de un personaje del cine se sintió tan orgulloso que se armó de fuerza para ser valiente, invencible y moverse como un animal en la selva. La exguerrillera que me trajo al museo se llama Diana y va a graduarse de enfermera. Ella dice que un día le cogió el fusil sin permiso a «Madre Monte», y que cuando pensó que la iba a matar como le decían, la tomó de la oreja, la llevó al campo y le enseñó a disparar. «Madre Monte» pasó meses con ella y la entrenó tan bien que Diana, *la guajira*, logró defender en varias ocasiones la vida de sus compañeros. Por eso, en señal de agradecimiento me tejió y me regaló para que su comandante la usara cada vez que bajaba a la ciudad. Según comenta, yo fui el único regalo que José Anacona recibió en su vida y que lo acompañó a donde quiera que fuera. En mi interior, y en secreto, también llevaba un libro de poemas que le perteneció a uno de los maestros secuestrados y desaparecidos.

Yo, la mochila wayúu

QUIZÁS, CUANDO ALGUIEN ME VEA, PENSARÁ ¿QUÉ DIABLOS HACE UN ZAPATO SUCIO EN UN MUSEO? CON MI PRESENCIA RECLAMO TODOS LOS CAMINOS RECORRIDOS Y AQUELLOS QUE NOS FALTAN POR RECORRER

Yo llegué hace un par de semanas. Soy el zapato que le pertenecía al reconocido periodista Manuel Victoria. Me trajo Ignacio Torres, el muchacho que le salvó la vida a Andrea Bermúdez, su esposa. La tarjeta que aparece a mi lado, la escribió Andrea el día en que desaparecimos. La otra nota que está más abajo la escribió Andrea el día en que me encontró, y dice: «Descansa en paz amado mío, que de las espinas del dolor ya han brotado las rosas de la esperanza. La patria continúa. Andrea». Sé que a Manuel le habría gustado leer estas palabras, y despedirse del mundo envuelto en la fe que impulsa el heroísmo. Sus últimas horas fueron un suplicio pensando en sus seres queridos y orando con desespero para que ocurriera un milagro. Recuerdo que le escuché decir al uniformado que lo asesinó, que la única forma de detener a una persona como él, era con la muerte, y que hasta él sentía pena de tener que apretar el gatillo, pues leía sus columnas y que a menudo lo escuchaba en el programa radial. Pero yo quiero pedirles que no nos quedemos con la tristeza de nuestro infortunio. Hemos sido entregados por nuestros seres queridos, o hallados e identificados y exhibidos en este museo para que seamos MÁS, y que nuestra memoria sea el abrazo, el consuelo y la luz de aquellas victimas que caminan la senda de la paz y el perdón. Quizás ninguna de estas cosas viejas e inservibles transformará el mundo, pero se precisa de estas cosas y de lugares como este para que la conciencia cambie.

Yo, el zapato

Todos los objetos que contaban y escuchaban las historias de cada uno con atención y las palabras del zapato, se sintieron orgullosos de que esas historias fueran validadas. Se convencieron de que ellas son las voces de la memoria, que su existencia es el mejor testigo de la historia, y se sintieron seguros de que en ellas todavía existe un propósito: devolver con justicia y verdad la dignidad a los caídos y sanar las heridas que aún nos duelen.

En mí descansan la tristeza, el miedo, la hostilidad,
la frustración, la ira, la desesperanza, la culpa,
los celos, pero también la felicidad, el humor,
la alegría, el amor, la gratitud,
La esperanza y la compasión

IV
JANIEL HUMBERTO PEMBERTY

DEL PAÍS DE LA INFANCIA A LA PATRIA QUE DUELE

Nací en Medellín, pero por vocación del destino siendo aún niño terminé viviendo en zona rural de San Pedro de los Milagros, con una familia campesina para la que mi madre trabajaba, y la cual, desde un comienzo, a pesar de mi corta edad, me asignó varias tareas sin paga, entre las que sobresalía ser el ayudante del ordeñador de las vacas. Y así fue como en mi infancia no tuve compañeros, ni juguetes y conocí el trabajo por imposición. Pero no me quejo de aquellas privaciones porque el campo me regaló un inalterable amor por la naturaleza y la vida, que ha sido una salvaguarda para mí. Además, grabó para siempre en mi corazón una seguridad que no han logrado quebrantar los más crueles desafueros de la especie humana: resulte claro o no para nuestra precaria inteligencia, una rotunda voluntad de hermandad, mediada por el amor, sustenta al universo.

El campo me infundió el amor a la tierra y me hizo carne del paisaje. En él se cimentaron sin saberlo los niños de mis dos novelas publicadas: los de la sociedad disfuncional que los lanzó al abismo de *La música del olvido*, mencionada entre las diez finalistas del Premio Planeta 2008 de Novela, y el soñador manantial que devendría río de *Niño de agua y las mariposas*.

Mis primeros amigos fueron los compañeros de escuela que jamás volví a ver; mis primeras pesadumbres la carencia de padre y el alejamiento de mi hermano; mis primeras alegrías el amanecer y los atardeceres dorados; mis primeros goces estéticos el murmullo nocturno del riachuelo, mi niño de agua, que atravesaba la finca de norte a sur, al que se unían el parloteo de ranas y grillos y el parpadeo de los cocuyos en noches de orfandad lunar.

El jefe de aquella familia, Pedro Luis Bedoya Osorio, que me recitaba poemas y trabalenguas, y a quien llevo con gratitud en el corazón de mis recuerdos, decidió que a mis siete años debía ir a la escuela. Fue él quien me regaló mi primera caja de colores, mi primer cuaderno y mi primer manual de lectura, llamado *La alegría de leer*. Aunque mis fantasías infantiles se alimentaron de radionovelas, cuando pude acercarme a los libros mi mente estaba abierta al asombro de la ficción y sus múltiples maravillas. A mis nueve años me trasladé con mi madre al pueblo, y a mis trece, a Medellín.

Mi primera juventud corrió tras tumultuosas ensoñaciones y vinieron las escoriaciones emocionales, los desconciertos, el amor, las decepciones. Debido al trabajo culminé con dificultad la secundaria e inicié mis estudios de español, literatura y corrección de textos en la Universidad de Antioquia. Para entonces una tiránica necesidad de autoexpresión, que aplacaba uniéndome a grupos de arte y escribiendo, me ahogaba. Vinieron el matrimonio, la dicha suprema de los hijos, pero incluso así un empecinado vacío interior opacaba mi felicidad de hogar. Y para hacer frente a las tensiones de la vida y seguir expresándome, me desahogaba con anónimas fantasías literarias, algunas de las cuales alimentaron mis dos volúmenes de relatos publicados:

Fuga en sol menor para cuarteto imperfecto y otros cuentos y *El ocaso de los enemigos y otros cuentos*.

No sabría decir cuándo la noción de país llegó con claridad a mi conciencia, porque no es fácil entender que una nación no está limitada tan solo por sus fronteras físicas, sino, sobre todo, por la idiosincrasia de las gentes que la habitan; por el acervo que esas gentes han ido construyendo en el tiempo a partir de las maneras de interrelacionarse, y de la influencia que colectivos internos y externos ejercen en pro o en contra de esa interrelación; las tensiones y coincidencias en fin, que todo su conglomerado padece o goza y que moldean su personalidad social y su autopercepción.

Mi primera impresión a partir de mi miro-mundo de pueblo pequeño fue que Colombia era un país de gente religiosa, honrada y trabajadora, pues al contrario de muchos niños de mi generación nunca supe de las masacres o las escaramuzas bipartidistas mortales que recientemente habían azotado buena parte del territorio nacional. Pero cuando llegué a Medellín, poco a poco descubrí que la gente no era tan honrada y que la ciudad mostraba con orgullo sus riquezas y sin vergüenza sus miserias, que empezaron a dolerme de inmediato. Pronto también entendí, con gran decepción, que Colombia es un país subdesarrollado o tercermundista, lo que la gente asumía y asume con una indiferencia asombrosa. La ciudad me abrió los ojos a la realidad amarga de los paisajes marginados, al desamparo de su río de aguas nauseabundas y asesinadas por los desechos que le arrojaba, a una masa sin sueños de grandeza; a la ineptitud de nuestros gobernantes y a la venalidad de nuestra justicia, que la sabiduría popular ilustra diciendo "la ley es para los de ruana", pero me regaló el arte y la literatura.

Me sumergí en lecturas diversas que acompañaba con una escritura anónima pero febril. Entretanto, las guerrillas amedrentaban al país con secuestros, vacunas, asesinatos y abyectas muestras de fuerza, a la par que la hipocresía social y estatal vociferaban contra los recién llegados narcotráfico y paramilitarismo, pero usufructuaba sin dignidad su dinero y poder. Y no tardé en comprender el envilecimiento al que pueden arrastrar al ser humano sus ansias de riqueza y poderío, su capacidad de maldad, que comienza cuando se beneficia sin remordimientos de los frutos del mal, y las tramas visibles, reflejo de las invisibles, que los poderes legales, ilegales, delincuenciales y económicos tejen para mantener el control de la nación por encima incluso de la constitución y de la ley; el entramado de sangre, corrupción, impunidad y estratagemas que esos poderes escriben todos los días en las páginas del acontecer nacional y que enmascaran con toda suerte de montajes para convertir la historia patria en un palimpsesto en el que la realidad social es borrada para que prevalezca impunemente la "realidad" oficial, causa básica de nuestro subdesarrollo.

Mi mundo se debatía entre estos sentires y mi empecinado vacío interior y mi divorcio reciente, cuando una amiga me ofreció la posibilidad de radicarme por un tiempo en Estados Unidos. Sin pensarlo mucho me embarqué en la azarosa nave del migrante con la idea de confrontarme en la soledad, de mirar el país desde la distancia y de regresar con nuevas ideas y algún recurso en la cartera.

En los primeros tiempos sorteé como pude las argucias de la nostalgia, que me hacía vivir el día en Estados Unidos y la noche en Colombia, a través de los sueños. La nostalgia de la tierra, los paisajes, los amigos, la familia, que se había convertido en un irrompible cordón umbilical entre la patria y yo. La nostalgia, que terminó haciéndome escritor de verdad bajo la imperiosa premisa de vaciar en páginas y páginas el temporal de recuerdos, imágenes e historias que me asediaban.

En la distancia y desde un país que respeta la ley, que teme la ley, entendí más a fondo el nefasto papel de la violencia y la trapacería que los agentes del Estado han ejercido en nuestro subdesarrollo como nación, y en el incremento de la ignorancia y la miseria de su gente, tan hábilmente sometida a sus voluntades arteras. La gente de mi patria que tanto me duele, que está tan resignada y cada vez más maniatada por el crimen, la impunidad, la corrupción y la inmundicia de poderes aciagos que se ciernen como un cielo negro sobre su ciudadano de a pie, su indefenso ciudadano de a pie, a quien ojalá pudiera ofrecer algo más que la espada de la palabra y un puñado de sueños en el bolsillo.

¡QUÉ BUEN TRABAJO!

El camión apareció en el pueblo a eso de las diez de la mañana, y se fue rodando sin prisa por la calle principal hasta un costado de la iglesia, donde terminó por parquearse. Tres tipos jóvenes y uno mayor descendieron de él bostezando y desperezándose como gatos arrojados a la vigilia por la gracia de un mal sueño. Era un camión de estacas, viejo y desvaído, con las varillas de metal descubiertas, semejantes al costillar de un animal derrotado. Los tipos, desconocidos, despertaron inmediato recelo entre la gente, pues poco bien vistos suelen ser los forasteros en una zona disputada por insurgentes, contrainsurgentes y ejército regular.

Los tipos sacaron un aviso que en letras amarillas y bordeadas de rojo ofrecía trabajo tumbando monte, y lo montaron en un caballete al lado del camión. En la parte baja, el aviso garantizaba muy buena paga.

Los muchachos del pueblo que estaban en el parque matando el tiempo, leyeron el letrero y miraron a los tipos con escepticismo a pesar de que su necesidad de trabajar era imperiosa. Les habría encantado poder confiar en los tipos e irse con ellos a tumbar monte por una buena paga, pero pensaban que para que anduvieran tan tranquilos por la zona debían pertenecer o estar protegidos por alguno de los bandos en conflicto. Y no les prestaron más atención porque quién sabe en qué caminos oscuros, por decir lo menos, podrían terminar si se les unían.

Sin embargo, un muchacho de unos 20 años se acercó interesado en el trabajo. El tipo mayor lo saludó con afabilidad y le dijo que sabía cuánta desconfianza despertaban los forasteros en el pueblo, no sin razón, pero que andaba buscando gente decidida porque su jefe, un hombre muy rico, debía terminar en unos dos meses un trabajo importante que había pactado con el gobierno. Que le hacía una propuesta: por cada interesado que le remitiera, él le daría una propina. Dígale a quien quiera venirse con nosotros que nos vamos esta misma tarde a las dos y que traiga documento de identidad y la ropa de trabajo que tenga– concluyó.

A las doce del día unos 50 jóvenes y hombres no tan jóvenes, hacían fila al lado del camión para ser entrevistados. De todos ellos, solo 15 jóvenes fueron elegidos. Poco después se subieron en la parte trasera del camión, se sentaron en unas largas tarimas de madera empotradas a cada lado de la carrocería, e iniciaron su viaje a lo desconocido cuando el vehículo se puso en marcha. Guardaron meditativo silencio por algún rato, repitiéndose cada cuál las razones que lo empujaron a lanzarse a lo desconocido, pero después, para espantarse los malos pálpitos y darse confianza, comenzaron a parlotear en parejas o pequeños grupos en voz alta para superar el ruido del motor o los saltos que daba el vehículo sobre los desniveles de la carretera.

Alfonso Rendón estaba de primero en una de las tarimas, recibiendo el polvo que levantaban las llantas traseras del vehículo y que se esparcía en torbellinos a lo largo y ancho de la carrocería desnuda. No iba expectante como los demás porque se debatía entre la angustia de una responsabilidad imprevista y la felicidad de ser papá, pues apenas dos días atrás había sabido que su novia María Rosa estaba embarazada. Miraba a cualquier parte y apretaba contra su pecho la foto de la ecografía de su bebé al que todavía no se le distinguía el sexo.

La tarde fue languideciendo y el sol se dulcificó en su agonía. Poco después de caer la noche el camión se detuvo en una fonda de camino, una casa grande con un salón grande, donde había unos cuantos campesinos tomando cerveza y conversando. Una canción de despecho se desgañitaba en un viejo tragamonedas y una mujer joven y bonita, que los recién llegados no volvieron a ver, atendía a la clientela. Detrás del mostrador el dueño del negocio, un cuarentón fornido y callado, despachaba y llevaba las cuentas.

—Buenas, buenas —dijo alegremente el mayor de los cuatro hombres del camión a la concurrencia, secundado por los demás, que lo seguían camino al mostrador.

Los campesinos respondieron el saludo entre dientes y se cruzaron miradas de recelo. El hombre tras el mostrador les devolvió un breve gesto de bienvenida.

—Buenas noches —dijo al fin con amabilidad. Elijan mesa y siéntanse en su casa.

Mientras los recién llegados juntaban seis mesas con sus respectivas sillas y se sentaban lanzando suspiros de alivio, los campesinos pagaron sus cuentas y abandonaron el lugar sin despedirse, de modo que todo el local y la atención de su dueño quedaron a disposición de los recién llegados.

—La primera cerveza va por cuenta del patrón —dijo el mayor de los hombres del camión, que a todas luces era el jefe—. Todas las otras que quieran se las anoto a cada uno y se las descuento del primer salario. Pero no se emborrachen porque mañana hay que madrugar a trabajar.

Se oyeron voces de agradecimiento, risas, y los cuerpos se relajaron. Pronto el fortachón trajo cervezas a cada uno, menos a Alfonso, que pidió un refresco. Estuvieron departiendo algún tiempo de manera muy animada, contando chistes y bromeando, aunque con una débil tensión porque los jóvenes del camión vigilaban cerca de la puerta.

Simulando una entrevista colectiva el jefe comenzó a ejecutar la segunda fase de su plan, y poco a poco llevó a sus elegidos hacia lo que conocían de los grupos que violentaban la región. Fingiendo una conversación anodina preguntó a todos con cuál de ellos simpatizaba. Los muchachos se pusieron en guardia y sospechando que les iba a proponer alistarse en alguno, le respondieron que ninguno les simpatizaba porque no los conocían bien y se contaban muchas cosas feas y crímenes de cada uno. Que, en todo caso, jamás se meterían con ninguno de ellos. Entonces el tipo llevó el diálogo al terreno de un amigable interrogatorio, aunque acompañado de miradas y gestos un tanto amenazantes.

–¿Entonces esto va a ser igual que las otras veces? –preguntó con cierto hastío uno de los tres jóvenes del camión a uno de sus compañeros.

–Mi sargento hace lo que le ordene mi coronel y mi coronel hace lo que le ordene mi general y punto. Cumplimos órdenes, soldado –respondió el interrogado a su subalterno, a quien no le gustaba el rumbo que estaban tomando las cosas.

–Perdone mi cabo. Es que pensé que ya no volveríamos a hacer estas vainas.

—Usted está aquí para obedecer órdenes y no para pensar, soldado.

—¿Si los vamos a matar para que tanta ceremonia, mi cabo? —preguntó con acidez el que no había hablado.

—Usted sabe muy bien que mi coronel dijo que teníamos que hacerlos confesar que son guerrilleros. Que los confundiéramos hasta hacerlos confesar o que hiciéramos como que ya habían confesado. ¡No me venga ahora con pendejadas!

Entre tanto el grupo de interrogados se reiteraba en su disposición de no vincularse a ningún grupo armado de la región. Pero el jefe insistía en una inocente confesión de simpatía sin mayores resultados, hasta que a eso de la cuarta cerveza se paró de repente, giró su asiento, se sentó de nuevo apoyando el pecho contra el espaldar, y poniendo sobre todos una mirada de matarife sacó una pistola de su cintura. Mientras se rascaba con el cañón la cabeza, dijo con calma amenazante para poner en marcha la tercera fase de su plan:

—Nosotros sabemos que algunos de ustedes son enlaces de la guerrilla. Y nosotros no estamos interesados en llevarle ese tipo de gente al patrón, ni más faltaba. Así que esos enlaces pueden salir por la puerta y perderse en la noche porque no nos interesan. Ya verán cómo se las arreglan para volver al pueblo porque ese favorcito si no se los vamos a hacer.

Ante el sorpresivo cambio del jefe y sus afirmaciones, los muchachos quedaron sin habla. Y más aún cuando vieron que sus tres acompañantes abandonaban la puerta y se acercaban a ellos, a la vez que alguien le aseguraba al jefe que quien le había dicho tal cosa le había mentido.

—Mis informantes son profesionales y cuando me dicen algo es porque están seguros de ello. Así que los enlaces de la guerrilla pueden largarse por las buenas...

Los muchachos, que en su gran mayoría se habían visto por lo menos una vez desde niños, terminaron por admitir que quizá uno o algunos de ellos bien podría ser un enlace de la guerrilla, y se miraron tratando de identificarlo o identificarlos. Comprendiendo el peligro que los rondaba, querían que cuanto antes el o los enlaces admitieran serlo. El jefe se paró y en torno a él sus tres compañeros, que ahora exhibían en sus manos armas de fuego. El fortachón se les unió en silencio armado de un rifle. Los elegidos iban cayendo en cuenta de la situación en que se encontraban, a medida que el miedo los invadía. Uno de ellos habló por fin.

—Nosotros nos conocemos desde niños y si alguno fuera enlace de la guerrilla ya lo habríamos sabido. Además, ¿si ustedes saben quiénes son por qué no lo dicen?

—Porque no nos da la gana y porque aquí mismo los haremos cantar de lo lindo. Trae los uniformes y después los instrumentos —ordenó el jefe a uno de sus subalternos.

El tipo fue a la parte posterior de la casa, regresó con dos bolsas negras de plástico llenas de ropa y las vació sobre el piso.

—Busquen prendas que les queden —ordenó el jefe—. Y trae las botas —le dijo al que había traído las bolsas.

Poco a poco el nervioso grupo de muchachos fue seleccionando del montón de camisas y pantalones camuflados, usados y malolientes, lo que mejor se ajustaba a su corpulencia. Después calzaron unas botas de caucho, altas y negras, y sobre sus cabezas colocaron gorras. El resultado fue que parecían guerrilleros.

Cuando todos estuvieron vestidos, el jefe los hizo filar y dio una orden al oído a otro de sus subalternos.

—No demores —le ordenó.

Mientras todos guardaban silencio y los muchachos se esperanzaban en que el o los enlaces de la guerrilla se identificarían para poner fin a su pesadilla, vieron al subalterno regresar ayudando a un hombre que apenas si podía caminar. Era un muchacho con un uniforme igual al que ellos acababan de vestir, rasgado en el pecho. Mostraba moretones y restos de sangre en la cara y el cuello. El otro lo condujo ante el jefe y lo sostuvo de un brazo porque se mantenía en pie tambaleando.

—¿A quiénes de estos hombres has visto en tu frente? —preguntó el jefe con frialdad amenazante.

El otro pasó una mirada sanguinolenta, larga y precaria debido a la hinchazón de sus pómulos, por el ansioso y aterrado grupo de elegidos. Volviendo los ojos al jefe, dijo:

—A ninguno.

El jefe se acercó y le pegó en la cara un puñetazo que lo lanzó al piso.

—¡No me mientas porque te mato aquí mismo! Voy a repetirte la pregunta y por tu vida quiero que me digas la verdad. ¿A quién de estos hombres has visto en tu frente? —le preguntó con un grito mientras el tipo se ponía en pie ayudado por el subalterno.

El tipo ni siquiera volvió a pasar la mirada por el grupo, respiró cansado, y con voz apenas audible dijo:

—A todos…

Los muchachos comenzaron a protestar, a negar en voz alta, de manera desordenada y vehemente, lo que el otro había dicho. Incluso uno de ellos, impulsado por la cólera, se atrevió a acercarse al jefe de manera desafiante, pero este lo golpeó con la cacha de la pistola en la cara. Otro emprendió carrera hacia la puerta, pero recibió una bala en el muslo izquierdo y fue a dar al piso. Cuando quisieron ayudarle el jefe hizo un disparo al aire.

–¡Ya apareció el primero! ¿Así que ustedes no son más que angelitos, eh? ¡Angelitos!…

–Jamás he tenido nada que ver con la guerrilla –dijo alguien con energía.

–Ni yo –dijeron todos en coro.

–Al camión –gritó el jefe.

Fueron obligados a abandonar la fonda en fila. Cuando llegaban al camión otro vehículo detrás de él encendió las luces altas, y fastidiados por la claridad se fueron acomodando en las tarimas. Los tres subalternos y el fortachón se apostaron en cada una de las cuatro esquinas de la carrocería. El herido fue montado de último. Sangraba sin cesar. Ahora, los subalternos llevaban las pistolas en la cintura y en las manos armas de largo alcance.

El camión comenzó a desplazarse sin prisa y al poco tiempo tomó rumbo incómodo por una trocha de tierra en la que el polvo se hizo casi asfixiante y las luces del vehículo que lo seguía oscurecían por tramos.

–¿A dónde nos llevan? –preguntó en voz alta uno de los muchachos.

–Al infierno –respondió uno de los subalternos sin mirarlo.

Y nadie más dijo nada hasta que el camión se detuvo en una recta y los muchachos fueron obligados a bajarse.

—Al final de esta pendiente —dijo el jefe señalando un terreno inclinado y resbaladizo que las luces de los vehículos alumbraban— encontrarán el camino que lleva a los dominios de la guerrilla, la casa de sus amigos.

Los muchachos todavía tuvieron voces para negar con energía lo que el joven desfalleciente había dicho, pero de nuevo el jefe hizo un disparo al aire y gritó:

—¡El que no quiera ir puede quedarse aquí con un tiro en la cabeza!

Los jóvenes introdujeron el cuerpo muy despacio por entre la alambrada de púas y fueron trepando la pendiente en desorden. Las botas resbalaban por el sendero empinado e irregular. No habían avanzado mucho cuando el jefe les gritó poniendo en marcha la fase final de su plan:

—¡Oigan!

Los jóvenes volvieron la cara, pero las luces de los vehículos los enceguecieron. Sintieron las balas, que nunca supieron de donde provenían, penetrando en sus cuerpos.

Luego del silencio que sucedió a los últimos quejidos, el jefe prendió el radioteléfono que tenía en la cabina del camión.

—Aquí Alfa 7, cambio.

Alguien, en un sitio indeterminado le contestó:

—Aquí comando, Alfa 7. Cambio.

—Informo al comando que tengo un F 14 con quince "enlaces" dados de baja. Esta vez son quince, mi coronel.

—Muy bien sargento. Lo entiendo y lo felicito. Écheles pólvora en las manos por si aparece la Policía Judicial o la Fiscalía mientras los entierra en una fosa bien escondida. Instruya muy detalladamente a sus hombres acerca de cómo fue el "combate" para que no se dejen confundir ni se contradigan.

–Como lo ordene, señor.

PAÍS AMARGO

Los cuatro hombres llegaron cargando un envoltorio pesado y lo descargaron en el corredor de la casa para protegerlo de la lluvia. Era un bulto embutido en una camilla de palos recién cortados y cubierto con ponchos empapados por el aguacero que no cesaba de caer. César Querubín, mi padre, apartó uno de los ponchos de un manotazo y entonces, como si soñara, lo vi. Estaba lívido y distante. Tenía un mechón rebelde cayéndole sobre la frente, los ojos adormecidos y el bigote incipiente brillante. Pensé que dormía y que un buen sacudón podría despertarlo, pero al tocarle el brazo, que estaba rígido, me entró hielo en el alma.

–¿Por qué está tan frío apá? –pregunté a mi padre casi sin voz.

–Porque está muerto –me respondió en un murmullo bajo, como hablando consigo mismo.

–¿Muerto? ¿Cómo así?

Pensé que estaba muerto por el aguacero que se le había venido encima y el frío que se le había metido entre los huesos, y que un poco de calor lo despertaría y fui hasta su cama, traje su cobija arrastrando y entre mi padre y yo se la tendimos encima para que cogiera calor y despertara. Mi padre, que lo contemplaba como si lo estuviera viendo por primera vez, se aferró con fuerza a la camilla mientras las lágrimas resbalaban de sus ojos. Se volvió hacia los cuatro hombres que lo esperaban con la mirada sembrada en el piso.

Rufo Cantaclaro, su peón de confianza, entrado en años ya, no aceptaba todavía que precisamente a él, a él, le hubiera tocado la desgracia de traerle muerto a su patrón de toda la vida el hijo que con tanto celo le había encomendado.

—Estábamos trabajando desde muy temprano como todos los días, don César. Teníamos de frente al sol y talábamos por turnos uno de esos robles gigantes que usted nos mandó tumbar, cuando vimos venir a los tipos malencaraos de la otra vez. Subían en fila india y sin prisa, como una culebra cansada. Nosotros los vimos desde que iniciaron la pendiente, pero como no sospechábamos a qué venían no paramos de cortar el árbol. Llegaron acezando y sin siquiera saludarnos se sentaron sobre unos troncos que hacía poco habíamos cortado. Nosotros continuamos talando el árbol. Cuando descansaron, uno de ellos preguntó:

—¿Cuál de ustedes es Mario?

—Yo —dijo Mario, dejando de cortar el árbol.

El tipo se paró y se le acercó.

—Usté sabe que su papá tiene un compromisito con nosotros, ¿verdad? —le fue diciendo el tipo.

—Claro que lo sé. Pero yo estaba presente cuando él les mandó decir que este viernes les entrega la plata.

—Sí, eso fueron a decirnos. Pero eso mismo nos mandó decir hace dos semanas...

—Es que no hemos podido vender las reses todavía. Pero andamos en eso. Con decirles que hoy no más vienen unos señores de lejos a verlas. Y ese negocio sí es fijo, porque mi papá está dispuesto a venderlas baratas con tal de conseguir la plata para ustedes.

—Eso mismo nos dijo él la semana pasada cuando pasamos por la finca.

—Bueno, es que los señores de la semana pasada no vinieron nada. Pero estamos tan decididos a conseguirles su plata que estos árboles que estamos tumbando son para ajustar lo que nos quede faltando de la venta de las reses. No vayan a creer que mi papá les está diciendo mentiras. Él es un hombre de palabra. Es muy serio. Además, esa plata de ustedes no es deuda ni es nada. Es un negocio que ustedes se inventaron y por lo tanto lo justo es que esperen hasta que se las podamos dar. Pero como les digo, mi papá cuando da su palabra, la cumple. Él es un hombre muy serio.

—Y si no es serio, muy serio se va a poner cuando lo vea llegar a usté a la casa.

Y desenfundó una pistola que llevaba al cinto y le apuntó a Mario a la cara.

—Esto es para que a su papá no se le olvide el compromiso.

Y le disparó a quemarropa, así no más. Mario recibió el balazo y se fue al suelo de una.

—Y díganle a su patrón que todavía le quedan hijos —dijo mirándonos con mucha arrogancia y mucha calma—. Que nos dé la platica ligerito o no respondemos. Díganle que con nosotros no se juega. ¡Ah!, y cuéntenles a los vecinos lo que acaban de presenciar, por si hay alguno que quiera pasarse de vivo con nosotros.

Y se fueron despacio, como cuando uno deja el trabajo al finalizar el día.

Mi padre lo escuchó con la cabeza baja. Después buscó un caballo bajo la lluvia, lo ensilló a toda prisa y salió a galope tendido con rumbo al pueblo, luego de rechazar la compañía de mis hermanos, y de que, llorando, mi hermana le dijera que no quería a un hermano y al padre muertos el mismo día.

—¿Entonces no lo enterramos mijita, ah...? ¿Lo dejamos ahí tirado para que se lo coman los gallinazos?

Horas después lo vimos de regreso, despacio, como si trajera el corazón metido en la larga y oscura caja de muerto que sostenía sobre el lomo de la bestia y que tenía las puntas empantanadas de dar tumbos contra los barrancos del camino. Ya Hermelinda le había lavado a Mario el rostro ausente, lo había vestido con ropas limpias y le había traído flores del jardín. Para guardarlo dentro del féretro y colocarlo en la sala sobre soportes de madera, debieron arrancárselo de los brazos como si se lo arrancaran del corazón. Y a todas esas, Mario nada que despertaba. En ese momento comencé a vislumbrar débilmente que no iba despertar más y ya no volveríamos a jugar en las tardes de lluvia, ni volvería a espantarme la aprensión de los crepúsculos, ni a acompañarme en las noches de miedo.

Al anochecer los vecinos fueron llegando uno a uno. Tristes. Miraban a mi padre y lo abrazaban sin palabras. Le daban palmaditas en la espalda. Saludaban con gravedad a mis hermanos. Me acariciaban las mejillas o la cabeza; las mujeres consolaban a mi hermana.

Cuando se hizo noche la casa estaba llena de gente, de voces apagadas y de oraciones clamorosas. El viento entraba por las ventanas y alborotaba el perfume de luto de las flores que mi hermana había repartido por la casa. Aferrado a ella yo miraba una y otra vez el ataúd. A veces lo olvidaba, y volvía los ojos buscando a Mario entre la gente o esperaba que se me acercara por la espalda para hacerme una broma, pero caía en la cuenta de que estaba metido en esa caja, muy serio, muy pálido, muy ido.

Mucho después mi hermana me dijo que era hora de irme a la cama, pero yo quería que Mario me acompañara.

—Es que no tengo sueño —le dije.

Cuando todos los vecinos acabaron de llegar mi padre los reunió en la pieza más apartada de la sala, alumbrándose con una vela. Ante sus ojos atónitos desenrolló un envuelto y les dejó ver las armas que había traído metidas dentro del ataúd de Mario. Los vecinos se miraron estupefactos.

—Las compré con la plata que tenía para ellos —dijo con sequedad.

—¡Dios nos guarde! No queremos armas, César —exclamó alguien.

Mi padre miró a todos con gravedad.

—Tengo un hijo muerto en la sala de mi casa, asesinado por unos tipos que me están amenazando hace rato, que me están pidiendo plata para merecer seguir disfrutando lo que he conseguido con tanto trabajo. Nunca les hice nada. Nunca les quité nada. No les debo nada. Tampoco soy rico. Ustedes saben que no soy rico. La tierra que tengo alcanza para que mi familia pueda vivir. Ustedes saben que tengo tanta tierra como ustedes.

El silencio fue toda la respuesta a sus palabras.

—Me mataron a mi muchacho a sangre fría porque no les he entregado la plata que me exigen sin habérsela ganado. Aunque con mucha rabia, pero por conservar a mi familia y lo que me pertenece, por evitarme problemas, he estado juntándoles su plata. Despacio, porque no soy rico y porque por aquí no hay ricos que le compren a uno cuando necesita vender. Nunca se las negué. Les pedí que esperaran que se las consiguiera. Pero me mataron a mi muchacho. Hoy fue él, mañana puede ser un hijo de ustedes o ustedes mismos —agregó.

—El problema César, es que ellos saben cuántos somos nosotros, pero nosotros no sabemos cuántos son ellos —volvió a decir alguien—. Pero además de eso, ellos saben que somos campesinos y desconocemos las armas y los cuarteles. En estas condiciones, enfrentarlos no nos sirve de nada.

—Tenemos que reconocer que comparados con ellos, resultamos poca cosa —reforzó alguien más.

—Poca o mucha cosa para ellos, cuando ya no tengamos reses para vender, árboles para vender, nada qué vender para darles su plata, van a pedirnos la tierra. Y si no se la entregamos nos van a matar. Y solo habrá dos alternativas: o entregársela o defenderla.

De nuevo, silencio.

—Lo que soy yo, no voy a permitir con los brazos cruzados que me maten otro hijo o me maten a mí —volvió a decir—. Si han de matarme más tarde que me maten cuanto antes, pero defendiendo lo que es mío y de mi familia. Mañana mismo, después del entierro de Mario, voy a mandar a mi hijo menor y a mi hija a la ciudad, donde un familiar lejano. Mis otros dos hijos, aquí presentes, se negaron a irse. "No vamos a dejarlo solo ni a dejar esta tierra por nada del mundo, apá", me dijeron, "así tengamos que morirnos con usté por ella".

—Pienso que es mejor esperar que la pena se le calme un poco antes de tomar cualquier decisión, César. Además, no tenemos donde mandar a nuestros hijos como usted y aunque lo tuviéramos no tenemos dinero para hacerlo.

–Entonces unámonos, luchemos, defendámonos. Yo ya entendí que tarde o temprano esos tipos nos van a quitar todo lo que tenemos si no lo defendemos. Les hago una propuesta: saquemos a las mujeres y a los niños de este asunto. Juntemos el dinero que tenemos entre todos y mandémoslos a la ciudad a algún sitio seguro. Nuestras esposas son capaces de defenderse allá con lo que les mandemos mientras solucionamos este asunto. Los hombres, quedémonos. Si es preciso, aplazamos el entierro de Mario hasta pasado mañana y los mandamos a la ciudad sin levantar sospechas.

La reunión se alargó más de lo pensado porque los asistentes no lograban ponerse de acuerdo. Porque unos pensaban que alguna solución se hallaría antes de llegar al extremo de enfrentar con armas a los tipos o separarse de sus familias.

Pero qué equivocados estaban. Al día siguiente, cuando todavía velábamos a Mario, los tipos le mataron el único hijo a don Rubén, un vecino, porque tampoco les había entregado "su" plata.

Estos eran unos tipos que ni vomitados por los infiernos. "Que a fulano le hicieron esto unos tipos armados que dicen luchar para ayudar a los pobres, porque no les dio la cuota que le pedían". "Que a perano le hicieron aquello por lo mismo". "Que a zutano...", "que son muchos", se decía. "Que vienen como una mala hierba, quitándole a los ricos para dárselo a los pobres". Pero ni nosotros ni nuestros vecinos éramos ricos ni veíamos progresar a los pobres. "Que eran enemigos del Estado".

Una tarde aparecieron por mi casa. Cargaban escopetas al hombro. Mi padre los recibió y les dio de beber. Eran muchos.

—Estamos armando un ejército para acabar con el gobierno —dijo el que mandaba—. Usted sabe que eso vale plata, y mucha. Por eso estamos pasando por todas las fincas pidiendo una cuota. Usted nos da esa cuota y nosotros lo protegemos.

—¿Protegerme de quién, señor? A mí nadie me persigue —le replicó mi padre, que nunca titubeó ante ningún hombre.

—Lo protegemos de tanto salteador y ladrón que anda por ahí suelto. ¿Le parece poquito?

—Vivo en esta tierra desde que nací y una vez nada más me han robado una vaca. No más —volvió a replicar mi padre un tanto irritado.

—Los tiempos cambian, señor. Hay mucha pobreza. La gente tiene que robar para comer. Tenemos que colaborarnos unos a otros —dijo el otro molesto, poniéndose de pie.

Sus hombres se revolvieron nerviosos en sus asientos y en el suelo.

Mi padre no le teme a los hombres, pero tiene el don de la prudencia. Decidió serenarse.

—Le vamos a dar un tiempito para que lo piense. Para que hable con sus vecinos. No queremos violencia ni presión. No nos obligue a ellas. Buscamos la colaboración de gente que quiera un nuevo país.

—¿Me está amenazando?

—Tómelo como quiera —dijo el otro sin alterarse.

–¿Y si les dijera que ustedes no son autoridad ni quién para obligarme a que les dé dinero…?

–Le diré solo una cosa: quien no nos colabora es nuestro enemigo.

Hizo un gesto y sus hombres se pusieron de pie. Quedaron de volver a los pocos días. Mi padre y los vecinos hablaron.

–Dicen que son muchos y desconocidos. A don Artemio el de "Paloblanco" ¿lo recuerdan? que no quiso darles la cuota lo encontraron muerto hace una semana. Se dice que fueron ellos.

–¿Y para qué están la policía y el ejército entonces?

–Dicen que no han podido con someterlos. Que solo logran intercambiar plomo con ellos cuando se los encuentran.

Rumores y verdades. A los días volvieron. Pero esta vez en número mayor. Mi padre y los vecinos, asustados, sin saber qué hacer, accedieron a darles la cuota. Pero les dijeron que los esperaran porque tenían que vender parte de sus propiedades para juntarles la plata. Pidieron tres meses. Ellos les dieron dos.

Se cumplieron los dos meses y mi padre no había logrado completar la cuota. Entonces los tipos se la cobraron con mi hermano. Y además de mi padre, a don Rubén a través de su hijo Guillermo y además de don Rubén a Don Rigoberto, un señor del "Alto", a través de su hijo Ramiro.

Enterramos a Mario y mi padre nos mandó, a Hermelinda y a mí, a la ciudad. Recuerdo que Hermelinda lloraba inconsolable, pero yo creía que era por Mario. Y era por Mario y por papá y por mis hermanos. Y también por mí y por ella.

Mi padre la abrazó trémulo, con rapidez para no perderse en el abrazo, y me tomó en sus brazos y me apretó hasta dejarme sin aire.

–Debes irte con tu hermana a la ciudad –me dijo sonriendo con enorme esfuerzo–. Quiero que te manejes muy bien y le obedezcas en todo mientras voy por ustedes.

–Sí señor –le dije apretando con fuerza su cuello y besándole el rostro con fuerza.

Yo estaba triste, pero tenía una gran agitación porque iba a conocer la ciudad. Y no solamente a conocerla, sino a vivir en ella, por lo cual la despedida de mi padre no fue tan triste. Además, las últimas horas que había vivido habían sido como un torbellino, que de manera muy lenta, lograría esclarecer.

Con mi hermana y yo, viajaron algunas vecinas y sus hijos.

La muerte de los tres muchachos, la rabia, el dolor y el miedo hicieron que mi padre y algunos vecinos con sus hijos y peones enfrentaran a los tipos, en lo que muchos, en ese momento, consideraron un suicidio. Tenían una desventaja enorme ante ellos: eran labriegos y estaban apartados de la protección del gobierno. Pero tenían también una gran ventaja: conocían sus tierras al dedillo.

Cuentan que cuando los tipos tuvieron el cinismo de volver donde mi padre por la plata, él se las entregó en este cajoncito de madera. Que con mi padre estaban mis dos hermanos de cuerpo presente.

Uno de los tipos contó el dinero.

–Está bien –dijo–. Solo esperamos que para la próxima cuota no tengamos que llegar a extremos tan dolorosos como para esta...

—¿Y es que tengo que darles más?

—Los pobres aumentan en este país día a día. Pero yo pienso que en adelante nos vamos a entender muy bien —dijo con la satisfacción de quien cierra un jugoso negocio.

—Y cuando ya no tenga nada que vender para su cuota ¿qué van a hacer conmigo, con mis hijos, con mi familia?

—Bueno, algún negocio justo lograremos hacer. Esta tierra es valiosa. Pero para entonces tendremos un nuevo país, no se preocupe. Ya veremos qué hacer.

Tomó el cajoncito, llamó a los hombres que había distribuido por toda la casa en una demostración de poderío, y cuando se disponían a partir, les llovieron plomazos desde todos los costados. El tipo ni sus hombres alcanzaron a reaccionar. Cuatro vecinos, Rufo Cantaclaro y sus tres hijos y mis dos hermanos y mi padre acabaron con los doce hombres que acompañaban al tipo, después de su exhibición de poderío. Cuentan que cuando cesaron los disparos, mi padre levantó al tipo que tenía el cajoncito con la plata, a quien había planeado no tocar y que de rodillas le imploraba que no lo matara, y le metió el cañón de la escopeta en la boca.

—Dígale a su jefe que no somos ricos y que no vuelva por estos lugares porque es hombre muerto.

El hombre salió corriendo. Mi padre y sus vecinos montaron los doce cadáveres en tres carretillas arrastradas por sendos caballos y al amparo de la noche los dejaron a la entrada del pueblo.

Así comenzó la guerra en mi vereda y después en mi pueblo y en los pueblos cercanos, porque los tipos se habían esparcido por toda la región. Después en el país, aunque el país siempre ha estado en guerra. Así, cuando unos trescientos de esos tipos vinieron a vengar a sus muertos, mi padre, los vecinos y los hombres con quienes conformaron frentes paramilitares, los esperaron tras los matorrales, en las vueltas de los caminos, en las ramas de los árboles, a la orilla de los ríos. Dicen que la sangre se regaba sobre la tierra como un aguacero. Los tipos volvieron. Dicen que eran cerca de mil, pero los hacendados, los pequeños finqueros y los ganaderos, todos los que habían sido amenazados o víctimas, se unieron y no pudieron con ellos ni los mil ni los muchos miles que volvieron después. Además, este nuevo ejército privado no demoró en lograr alianzas con políticos, militares y agentes del gobierno que reforzaron su fortaleza para derrotar a los insurgentes, pero sumieron al país en un conflicto mayor, del cual, como siempre, el campo fue el principal afectado.

Y por esa cosa que tienen los hombres, esa cosa maldita de no saber parar cuando deberían hacerlo, de no saber medir el siguiente paso como es debido, mi padre y sus hombres, porque le encargaron un frente del nuevo ejército, abandonaron sus fincas, sus hogares y se dedicaron a perseguir a los tipos de las cuotas hasta su exterminio. Y de esa manera se los tragó la guerra y la venganza.

El campo se fue quedando solo. Muy pocos campesinos lograron vender su tierra y muchos otros debieron abandonarla para salvar el pellejo, pues un grupo u otro, o el ejército regular, los acusaban de ser cómplices de sus enemigos y los sentenciaban a muerte o a huir. Dicen —me niego a creerlo— que mucha de esa tierra abandonada —no me imagino de qué manera— figura como propiedad de mi padre. Cuando le mandé el recado de que quería estar al frente de los cultivos, él se opuso rotundamente.

—Dígale que estudie —le escribió a mi hermana en un sobre con dinero que le entregaron unos tipos con suma cautela—. Que aprenda para que nadie le pueda robar lo que sabe. Que se encargue de él, que de la tierra me encargo yo.

Mi hermana encontró marido y es madre de tres niños. Sobre mí, la ciudad ha ejercido el influjo de un hechizo. Lo último que supe de mi padre es que cobra cuotas para que su ejército pueda continuar enfrentando a sus enemigos. Dicen que la situación se le salió de las manos y los iguala en crueldad. A él lo devoró la guerra, a mí la ciudad. Por eso dudo que volvamos a vernos.

FUGA EN SOL MENOR PARA CUARTETO IMPERFECTO

A Rubén Darío Trejos,
malabarista de abismos

Éramos cuatro, pero esta mañana y después de lentas cavilaciones Rasguño decidió abrirse. Que se iba nos dijo, con el primer golpe de luz, apenas abrimos los ojos. En un principio pensamos que botaba escape, pero cuando nos quitamos las telarañas del sueño y pudimos sopesar sus palabras en la claridad del día, la cabeza se nos volvió un hervidero. ¡Dizque abrirse!... Nos quedamos con la boca amarga, sin voz, mirando cómo la lluvia se hacía añicos contra el pavimento y oyendo su tejido de agujas mojadas sobre el tejado de cinc. Por la ventana se nos metía la mañana gris.

–Que me voy... –nos recordó Rasguño con rabiecita.

Queríamos responderle, pero la garganta se nos había llenado de arena. Y para no tener que oírlo sin la defensa de las palabras, metimos el casete de "Guns and Roses" en la grabadora, le pusimos todo el volumen a *November rain* y nos tendimos en el suelo como condenados a morir hasta que las palabras nos subieran de nuevo por el hilo de la voz. Mientras la música se nos iba metiendo a chorros por los sumideros del pensamiento, cerramos los ojos para ver a los caballos salvajes que no demorarían en aparecer espantados por la inundación sonora. Poco después oímos sus relinchos irritados por entre los torrentes de la melodía y los vimos acercarse en estampida. Traían los belfos hinchados de cólera, las crines revueltas por el viento y hendían a patadas el cielo. Nos miraron al pasar como una exhalación y se metieron en el pasadizo oscuro al que nunca nos atrevimos a entrar. Mientras caíamos en el sueño, el eco de sus relinchos repetía nuestros nombres.

–¿Y esta inmundicia por qué quiere abrirse? –nos preguntamos cuando despertamos en la tarde, con la voz restaurada.

–¡Verdá! –nos dijimos.

–¡Contestá, esperpento!

Le disparábamos con los ojos y con la voz. Le disparábamos las palabras porque veníamos con una rabia sin estrenar desde el sueño, y hasta le habríamos disparado con el aliento para que entendiera cómo estábamos de ardidos con él. Por si acaso, palpamos las navajas tibiecitas en los bolsillos y comprobamos que sobre la mesa estaba el trueno, sin balas.

–Quiero cambiar de aires no más –contestó, como si nuestros disparos no lo tocaran.

–¿Y es que esta grosería se embobó o qué?

–Eso es que ya se está creyendo el ombligo de Dios.

–¡Qué va! Lo que pasa es que ya le está dando culillo, jajaja.

Nos pusimos a hacer café.

–Pues si te querés largar, largate de una vez que aquí nadie está interesado en atajarte, pecueca.

–Es que ustedes van a mucha velocidá parceros y de pronto se chocan –dijo burlón.

–Usté sabe muy bien que nos gusta la velocidá y que no le tenemos miedo a los choques porque nacimos chocaos, viejo man.

Se nos había acercado mientras comíamos perros calientes en una esquina de la noche, varios años atrás. Tiritaba de frío. Nos pidió una moneda. Lo invitamos a perro.

—Usté está muy niño todavía para andar solo por la calle a estas horas.

—Ah... es que la vieja trabaja de noche y a mí no me gusta quedarme en la casa con el vejestorio que me cuida... ¡Además yo me sé defender solito!

—¡No, pues qué miedo!

Se rio, y sus dientes blancos y parejos relumbraron en la noche.

—¿Sabe qué? Si quiere véngase con nosotros y nos colabora. ¿Usté es de arranque o no? —le dijimos casi bromeando.

—¿Y ustedes como a qué se dedican?

—Si es de arranque síganos o si no piérdase. Y si nos va a seguir ayude y quédese callao.

—Bueno, no habiendo nada más que decir me voy.

Y de tres pasos ya estaba en la puerta. Pero en ese momento entendimos que no podíamos dejarlo ir. Que los cuatro éramos fruto inseparable de un mal parto.

—¡Espere amistá! —le dijimos para ganar tiempo, tratando de que la voz no delatara nuestra angustia.

Se volvió con pereza.

—Acompáñenos al último café.

—No estaban tan furiosos pues...

Le pasamos un pocillo humeante que cogió de mala gana. Tomamos con lentitud, rumiando recuerdos. Estábamos tristes, pero ninguno quería dejárselo ver a los otros. Tristes. Nosotros y él. Habíamos pasado muchas noches jugando al abismo, provocando la fatalidad. Y nada había logrado separarnos por más escalofriante que cada noche hubiera podido ser. Por eso, cuando apuramos la última gota de café, decidimos que pasara lo que pasara, no íbamos a dejarlo ir.

–¿Sabe qué viejo man? ¡Usté no sale de aquí!
–¿Y eso, cómo por qué?
–Porque nos da la gana, por eso.
–Ay muchachitos –dijo suspirando con lástima– ustedes saben que yo me voy de aquí cuando me dé la gana y por encima del que sea.

Y se paró sin darnos tiempo de llegar a la puerta.

–Eso es lo que vamos a ver –le dijimos, parándonos también y abriendo las navajas.

Cuando se dio cuenta de lo que hacíamos ni se asustó. Pero tampoco se metió de una, sino que se quedaba echando ojo para que no fueran a pillarnos. Al poco tiempo, eso sí, cogió qué alas. Era el primero en ponerle el pecho a lo que se viniera. Resultó con qué dotes para el "negocio". Tantas, que durante el tiempo que anduvimos juntos solo una noche le hicieron un rasguño en un tropel súper tenaz. Pero de ahí en adelante ni lo tocaron en los lances más peligrosos, ni pudieron sorprenderlo con las manos en la masa aun en las faenas más complicadas. Y lo pusimos *Rasguño*, en honor a esa noche. No obstante, desde cierto tiempo para acá dejó de ponerle humor a todo y se encerraba en un mundo al que nunca nos permitió entrar.

–No crean que con sus navajitas van a hacerme quedar. Se acabó parceros, se acabó todo. Ya no quiero nada con ustedes.

—Es bien raro este man ahí donde lo ven ¿verdá? —nos preguntamos burlándonos para hacerle el quite a la tristeza.

—Es que quiero ser libre.

—¡Uf! Quiere ser libre el microbio...

—¡Esos sí que son adelantos!

—No, es que eso, como mínimo ¡hay que publicarlo en los periódicos!

Sabíamos que no podíamos dejarlo ir pero que intentar retenerlo a la fuerza era demasiado peligroso. Y él sabía que nosotros sabíamos eso, por las muchas veces que lo vimos metido en qué tropeles... Sin embargo, no demoramos en caer en la cuenta de que lo que quería era llevarnos hasta un callejón sin salida, el callejón final, porque en el fondo, aunque no nos soportara ya, era incapaz de irse sin nosotros. Entendimos sin espantos que su intención era acabar todo de una vez. Claro que llevarnos a los tres le iba a costar su trabajito. Pero más allá de eso entendíamos, tarde ya, que de alguna manera lo habíamos tenido bajo presión y que los hombres presionaos se vuelven impredecibles.

Si bien últimamente lo notábamos enrarecido y había que sacarle las palabras con ganzúa, con nosotros se había hecho hombre y había entendido que la vida no es más que un tropelcito. Y había tenido tiempo hasta de coger orgullo, cosas que al parecer no nos agradeció nunca. Claro que el orgullo fue el que lo perdió porque algunas veces el orgullo es un escudo, pero otras, es una güevonada.

—Estoy vuelto una colcha de tristezas —nos fue diciendo, así no más, una noche oscura, de esas en que aúllan los lobos de adentro.

—Ya se nos va a poner sentimental parcero... Mire que de tristezas estamos hechos todos los hombres. Que nos la pasamos en la arena de la vida toriando tristezas. Claro que a nosotros eso nos tiene sin cuidao, sizas o nozas colegas.

—¡Sizas!

—Más bien démonos en la torre otra vez, que la yerba alegra.

Su mamá que trabajaba en una fábrica de confecciones, una señora lo más de rara, que nos miraba de lao tal vez porque no le caíamos bien, nos fue diciendo un día toda seria: "Cuidadito con enseñarle malos pasos a mi muchacho". "No se preocupe doña" —le respondimos—, "que el hombrecito está más que bien con nosotros".

—Y tampoco es para que nos matemos —le dijimos para desacelerarnos—. No es para tanto... Díganos, ¿para dónde va a coger, ah? Tome, fume que la yerba relaja.

Nos miró desde un precipicio. La lluvia sobre el techo de lata sofocaba nuestro silencio. Alargó la mano, pero nomás nos recibió el bareto lo tiró al suelo y lo restregó con su zapato inmundo.

—¡Les dije que ya no quiero nada con ustedes, groserías!

Lo que más nos tramó en un comienzo fue que no se le mariaba a nada. Que él solito fue cogiendo alas y resultó más aventao que nosotros. Cuando eso fue que comenzó a irnos rebién. Que ganábamos a lo grande. Que tirábamos vicio del mejor y nos coronábamos las peladas más cucas. Y cuando eso fue también que nos fuimos abriendo de las banditas del barrio, que nos fuimos reduciendo. Y cuando no quedamos más que cuatro, decidimos hacernos uña y mugre de la noche, porque después de la noche viene el amanecer.

Y los cuatro, sobre todo, queríamos un amanecer para nuestra oscuridad. Entonces comenzamos a hacernos noche, a irnos sobre la música de nuestros pasos, atravesando un viento eterno que era como el aliento de un enfermo de frío. Y a fuerza de ser sombras, de transitar muladares, aprendimos a reconocer en el aire el olor de la presa caliente. Distinguíamos a lo lejos el airecito excitado que despide la hembrita que sale del bar y su pálpito entre ganoso y ansioso de sentirse deseada y al borde de la entrega. Sabíamos de los ojos extraviados de éxtasis en las habitaciones de la madrugada o de la urgencia sin cama que se satisface en las esquinas, agónica, rápida como un estornudo, empinada en las aceras. Íbamos sin palabras. Sin comienzo ni fin. Errando por la ciudad los caminos de la noche para que la noche nos diera el amanecer que perdimos de niños. Pero por más que la recorrimos una y mil veces, la ciudad siempre fue como una mujer inalcanzable para nosotros, porque la ciudad pertenece a un hombre que no reconocemos ni nos cabe en el cuenco de la imaginación. Solo la noche, ella sí, se nos entregaba completica, si se ha entregado a alguien alguna vez. Oscura y sin horizonte como la mirada de los muertos, nos pertenecía. Sin puerto ni suelo, pero nuestra al fin.

Para merecer a la noche como a una mujer, la oscuridad nos empujaba a apresarla en nuestras manos. Y para conquistar su inmensidad invicta nos embriagábamos de tiniebla y le ofrecíamos el miedo o la sangre de nuestras víctimas. Y cuando no teníamos víctimas, nos íbamos en el vientre cóncavo del viento, pues sabíamos, como el viento, que solo poseyendo la noche podíamos atravesar su negro espejismo y alcanzar el amanecer. Alguien, sin embargo, con un velo, ocultaba el amanecer a nuestros ojos. Y nosotros veíamos a la gente y nos decíamos: "Somos diferentes. Estamos condenados a un abismo sin sol, sin luz. Somos diferentes. Ellos han visto amanecer"...

Así fue cómo, sin proponérnoslo, terminamos como cuatro espectros caminando un resbaladizo callejón oscuro. Para coquetearle a la noche nos montábamos en severas botas negras de cuero que nos llegaban arriba de los tobillos y que acompañábamos con pantalones negros, camisetas negras, chaquetas negras de cuero contra el frío y la lluvia. Y el tedio. Y éramos los dueños de las calles interminables que se tragaban nuestros pasos y dueños de la desgracia de quien cruzara nuestro camino. ¿Usté, amistá, ha tenido alguna vez el privilegio de saberse dueño de alguien, de la vida de alguien? ¿No? Entonces usté no conoce el poder.

Para defendernos de las musarañas de la noche y trabajar a gusto cargábamos tres navajas aceradas, con cachas de plata, y un trueno de cañón largo, de balas tan alargadas como una agonía dolorosa, para imponer orden en los grupos. Y así, caminando, sin plan alguno, al pasar, dábamos al fulano de turno el inesperado abrazo de la muerte o de la sorpresa que son lo mismo, solo que la sorpresa nos permite seguir aquí. La muerte… no se sabe... A lo mejor los muertos siguen por aquí sin cuerpo, ¿sí o qué?... y su infierno es querer hablarnos sin tener voz.

Dicen que los malos, y nosotros éramos malos, se van al infierno... Al infierno... ¡Qué más infierno que este, parcero! Huy... ¿Sabe qué? Se me está acabando el aire, se me está acabando... Deme agua, ¿sí? Bueno... Como le decía, a quien fuera lo cogíamos de quieto y cuando menos pensaba, porque éramos rápidos, muy rápidos, ya estaba bajao de plata, joyas y hasta de zapatos y ropa si eran de alguna marca que nos gustaba. Los que se resistían, se los regalábamos a la muerte como un presente, a la parca, como le decía Rasguño.

—¡A ver muñeco! ¡Entregue lo que tiene o se muere!

La sorpresa los aturdía. Pero si la sorpresa no resultaba suficiente, bastaba con hundir un poco la punta de la navaja en la carne para que los indecisos o los aturdidos entendieran y entregaran, porque no había de otra: o entregaban o se morían. Muchos se murieron, pero fueron más los que entregaron.

Como éramos románticos y nos gustaba el contacto con la piel caliente, decidimos conservar las navajas, aunque resultáramos anticuados para algunos colegas del barrio. Sin embargo, como le dije, nos conseguimos un trueno. Es que, aunque la navaja sea una herramienta de poder, más íntima, más fiel, menos comprometedora que un trueno, el trueno gana al fin a pesar de ser tan escandaloso, porque nada como él para convencer o apaciguar con esa boquita redonda por la que solo suele hablar la muerte. Y no más el fulano lo siente, se vuelve más dócil que una gelatina. Claro que hay manes que están acostumbraos al soplo paralizador de la muerte y al sentir la boca del trueno en las costillas o en la torre, en vez de temblar o trastornarse entran en una excitación muy lúcida y peligrosa. Así fue como supimos que los hombres nos diferenciamos hasta en la manera de enfrentar a la muerte.

Algunas veces creíamos que el paciente o la paciente de turno hacían algún movimiento raro para defenderse, sin entender que era una reacción involuntaria a nuestra manera de proceder. Pero generalmente, entre el pinchazo de la navaja en la carne o el soplo frío del trueno y la obediencia, solo mediaba un estremecimiento.

 Cuando uno se encuentra con algún enemigo por ahí, piensa: cómo me gustaría vaciarle todas las balas de mi trueno entre los ojos a este roñoso. Y cuando uno ve una pelada que le gusta, piensa: cómo me alegraría herir de amor a esta hembrita con el doble cañón de mi mirada. Hay manes y fulanas que con la primera voz entienden la dimensión de su peligro y se someten sin desatinos. Con ellos el riesgo es mínimo. Hay otros que al comprender lo que les sucede entran en un sueño sonámbulo. Con esos tampoco hay problema. Pero hay otros que chillan, patalean y gritan. A esos hay que callarlos de una porque lo ponen a uno en evidencia con el público y si entre el público hay algún héroe, y ese héroe sabe vérselas con uno, la cosa se pone de un negro que usté ni se imagina. Hay otros que se atreven a enfrentársele a uno y llevan la peor parte porque uno va prevenido y conoce el oficio. Pero hay otros aún más azarosos, aunque muy raros. Se trata del paciente impasible o de la fulana impávida, a los que no se les siente el más leve temblor, que se dejan quitar todo como si nada, que no hablan más de lo necesario, pero que al menor descuido le quitan a uno las armas, lo cascan y lo entregan a la tomba, cuando no es que con sus propias manos lo mandan a uno al otro mundo. En este oficio todo es muy complicao, pero lo más complicao para cualquiera que quiera inaugurarse en él, es vencer su propio miedo.

 Y en eso, créame, Rasguño era el mejor. Le hablaba al man o a la hembra con serenidad y actuaba con precisión, sin prisa, como un cirujano. Tenía la virtud de callar a los chillones con un golpe limpio y definitivo, a la manera del artista que de una pincelada desaparece la línea que empaña su obra.

Pero hoy Rasguño decidió llevarnos al límite y terminó lográndolo. Al tirar el mariguano al suelo y aplastarlo con su zapato asqueroso, aplastó nuestra admiración y se cobró todas nuestras deudas. Porque en este negocio uno le debe favores a otro hasta que se los pague o sea lavado por la ofensa. Y nadie nos ofendió nunca como Rasguño. Nadie. Nadie pisoteó jamás el bareto que nos sacamos de los labios para que lo disfrutara. Por eso sin duda olvidamos que su llegada nos hizo grandes, que a su lado la vida fue fácil y que obraba así porque estaba cansao de nosotros y de nuestra manera de vivir la vida. Tengo mucha sed amistá, páseme más agua por favor...

–La vida se me está volviendo un enredo en el que ya no me cabe la risa –nos dijo otra noche de sinceridades, como anunciándonos su partida.

–¡Qué va! Como decía Andrés, *esta vida es un paseo y no hay tiempo pa' sufrir* –le respondimos.

–Es que la vida tampoco es andar tumbando a todo el que aparezca...

–Es que tumbaos estamos desde que nacimos, viejo man. Mire y verá que no hay pa' donde coger. Aquí o en Cafarnaúm es lo mismo. La misma gente, la misma vida, las mismas groserías, la misma mierda. ¿Cómo se va a amañar uno en un paseo sin esperanzas, sin salidas, ah?

–Lo que hay que hacer es vivir a lo bien ¿entiende? Buena ropa, buenas peladas y buen vicio. Lo demás no es más que un botadero de corriente, pura parafernalia, como dice usté parcero. Uno se muere y no se lleva sino lo poquito bueno que pudo pasar en este mierdero.

Por eso nos fuimos distanciando, aunque siguiéramos juntos. Nosotros no entendíamos su hastío, él no entendía nuestra urgencia de sangre. Él quería otros caminos, nosotros, ninguno. Dicen que esta vida de muerte no deja salidas. Que una vez adentro la fuerza ciega del destino te va encerrando, te arrastra sobre tu propio lodo y te niega toda escapatoria. Que el que a cuchillo mata a cuchillo muere. Que estamos prisioneros dentro de nuestro propio pellejo. Por eso quería irse, y cuando no lo dejamos ir, decidió llevarnos.

La gota que colmó la copa llegó anoche, cuando vimos venir a un viejo borracho, trastabillando. La ocasión para bajarlo de todo no podía ser mejor. Calles solitarias en penumbra, y un hombre viejo, borracho y solo, al parecer con buenos billetes en los bolsillos. Al vernos, el man trató de huir con las pocas luces que le quedaban, pero se fue de bruces contra el pavimento. De ahí lo levantamos jalándole la camisa.

—¿Quiénes son ustedes? —preguntó con modales finos, más pálido que una luna.

—Somos de la policía y es mejor que no hagás escándalo viejo cagao porque los gritos nos dan mal genio. ¡Documentos de identidad!

No queríamos escaramuzas, pero por algún maldito capricho del destino el viejo sacó fuerzas del fondo de su borrachera y con voz enredada empezó a gritar:

—¡Auxilio! ¡Auxilio! ¡Me atracan!

No sabemos por qué razón Rasguño no se apresuró a callarlo. Se suponía que como siempre, le cortaría los gritos dentro de la misma garganta, si era preciso. Pero vaciló. Tal vez sintió compasión del viejo, sentimiento mortal en este oficio. Sea como sea, y a causa de su vacilación, el man se cogió confianza y casi se nos vuela. Tuvimos que detenerlo con severidad, y cuando al jalarlo de la camisa por detrás giró hacia nosotros, lo encendimos a navajazos. Después, le vaciamos los bolsillos.

No le reprochamos nada a Rasguño por respeto, pero quedó claro que ya no era de los nuestros. "Vamos a tener que quebrarlo", pensamos. "Es la ley: con nosotros todo, la vida, sin nosotros, muerto". Y no quisimos caminar más, sino venirnos en silencio a la guarida. En silencio, cada cual mordía sus odios.

Por eso cuando vimos el *coso* pisoteado, los caballos no necesitaron música para desbocarse por las sabanas ardientes de nuestro pensamiento ni para arrastrarnos hasta el túnel oscuro al que siempre nos negamos a seguirlos, el túnel del adiós. Ya al pie de su boca negra, las navajas saltaron juguetonas y tibias de los bolsillos buscando sangre con sed violenta. Brincamos, jadeamos, danzamos como nunca por nosotros, sin piedad, la danza de los que parten para siempre, la mórbida danza de las despedidas; nos buscamos con saña, caímos, y antes de que las respiraciones terminaran de apagarse, los caballos se atrevieron a asomarse al mundo por nuestros ojos, y al ver sus abismos, huyeron despavoridos.

Éramos cuatro hasta esta mañana, cuando después de lentas cavilaciones, Rasguño decidió abrirse. No lo dejamos ir porque después de todo no éramos cuatro sino uno. Claro que de ese uno lo único que queda soy yo. Y no quiero quedarme, no quiero que la vida se me pegue como la peste, no quiero sobrevivir ni cerrar estas heridas porque ya no tendré ojos, ni manos, ni cabeza, ni caballos, ni parceros, ni nada... Porque estaré solo, apaleado y desterrado de todo.

Porque hace casi nada ellos desaparecieron por el túnel de la noche y no van a querer volver por mí después de ver el amanecer que al otro lado, los espera.

-Pero estamos tan decididos a conseguirles su plata que estos árboles que estamos tumbando son para ajustar lo que nos quede faltando de la venta de las reses.

-Y si no es serio, muy serio se va a poner cuando lo vea llegar a usté a la casa.
Y desenfundó una pistola que llevaba al cinto y le apuntó a Mario a la cara.
-Esto es para que a su papá no se le olvide el compromiso.
Y le disparó a quemarropa, así no más. Mario recibió el balazo y se fue al suelo de una.

V
CONSUELO HERNÁNDEZ

NOSTALGIA QUE NO CESA, DOLOR QUE NO MADURA

Por azar o por designios del destino, estoy en Estados Unidos como podría estar en otra parte, pues desde niña, en la finca donde pasé mis primeros diez años, veía sobrevolar los aviones y soñaba con lugares lejanos, con gente forastera, con otras lenguas y otras culturas. Algo me impulsaba al viaje, a una huida sin destino ni propósito definidos, y nunca pensé en Estados Unidos, donde he pasado buena parte de mi vida. Mi razón de estar aquí no es dramática. Por suerte no padecí violencia, y los secuestros, desplazamientos y amenazas, y todo lo que vino después no se habían trivializado en el país cuando yo salí. Mis guerras han sido internas, silenciosas y muchas veces también en soledad.

En 1977 partí definitivamente en busca de sueños que un país tan estratificado y rígido no me permitiría realizar, en el que una persona del común, como es mi caso, tenía pocas opciones de empleos, ascensos gratificantes, o de perseguir la vocación de saber y el deseo de conocer el mundo. La vida independiente y el pleno goce de la libertad estaban casi negados para una mujer cuyos roles, que habían sido asignados socialmente hasta entonces, seguían incuestionados. Atrás dejé lo más amado, pero también la violencia congénita, los crímenes, la mojigatería, una historia de exclusión y, en fermento, un futuro a punto de convertirse en una bomba de tiempo.

Nací en 1952, en una finca de café en El Peñol, situado al oriente antioqueño y a los diez años nos mudamos a Medellín donde realicé mis estudios. Mi adolescencia llegó en los años sesenta y sentí la fiebre hippie, el imperativo de viajar y el ideal ingenuo de cambiar el mundo con amor y paz. Para 1970 ya había ido a Venezuela cruzando Colombia hasta Cúcuta, había conocido todo el sur hasta Ipiales y por varios meses recorrí Ecuador, Perú y parte de Bolivia, travesía que repetí en 1974. Fueron periplos plenos de aventuras y de privaciones, pero mi juventud y el desplazamiento estimulaban a la experta mochilera a atesorar encuentros con lo novedoso.

En 1977, después de graduarme en la Universidad de Antioquia, con 25 años, llegué a Caracas, donde esta vez viviría un periodo decisivo para mi formación personal. En medio de privaciones y muchas dificultades al inicio, en la Venezuela de la época de oro aprendí su léxico y asimilé el acento y pasé como una caraqueña más. Cursé la Maestría en Literatura en la Universidad Simón Bolívar con mentores estelares y luego trabajé en la Universidad Simón Rodríguez, mientras escribía para *El Nacional* artículos esporádicos sobre temas literarios, sociohistóricos y de actualidad. Fue en Caracas donde en 1982 publiqué mi primer poemario *Voces de la soledad*.

Venezuela era un sitio de paso. Mi meta era Europa, quería vivir en París, me encantaba el francés y lo había estudiado por siete años y por ello poseía un Diploma de Lengua y Civilización de la Sorbona. Estados Unidos seguía sin figurar en mis planes, aunque lo había visitado dos veces. Pero el destino y mi implacable necesidad de saber me enrutaron al norte en busca de un doctorado en literatura. Me aceptaron varias universidades, y me decidí por New York University por la oferta que me hizo y por su ubicación en el corazón de una ciudad única que logré amar y hacer mía. Me instalé en Nueva York en 1987, con una visa de residente, obtenida gracias a un parentesco familiar, y que otorgaba privilegios que no me esperaba.

En Nueva York encontré la libertad, la privacidad y el anonimato que precisaba. Para mí la ciudad era Manhattan y residí siempre cerca de la universidad en la que pasaba la mayor parte de mi tiempo estudiando y laborando como docente. Al recibir el doctorado obtuve una posición en Manhattanville College y fui directora de su Departamento de Español. Pero mi búsqueda de desafíos intelectuales me trajo a American University en la ciudad de Washington en 1995, y aquí estuve como Directora de la Maestría en Estudios Latinoamericanos y como profesora hasta mi reciente jubilación. Y desde Washington he publicado la mayor parte de mi obra.

¿Por qué escribo sobre Colombia? Dijo el poeta Rainer María Rilke que "la verdadera patria de una persona es la infancia" y Colombia es mi paraíso perdido, el que intento rescatar en mi escritura. Mi poesía tiene la complejidad propia de toda vida, pero desde un punto de vista afectivo, parte de mi trabajo intelectual y creativo se ancla en mi país. En Venezuela descubrí a Álvaro Mutis y allí nació el germen de mi libro sobre su obra, cuando, además de su poesía, él ya había concluido sus novelas. Estudiarlo me reveló con nitidez la naturaleza del deterioro, esa realidad tan sufrida por todos colombianos.

Colombia ha sido, más que un tema, una necesidad imperiosa en mi escritura, y sin escatimar esfuerzos he tratado de seguir su pista y de mantenerme en contacto. Recuerdo, por ejemplo, haber participado en un evento en 1989, cuando Juan Gómez Martínez, entonces alcalde de Medellín visitó Nueva York para dar a conocer la situación de nuestra ciudad azotada por Pablo Escobar y sus sicarios con violencia desbordada, narcotráfico y una parálisis económica. El clamor del alcalde era un SOS de Medellín al mundo. Por esa misma época, visité la Comuna Nororiental de Medellín, protagonista de esa guerra y grabé con su gente y con sicarios y milicianos entrevistas que fueron material didáctico en mis clases del posgrado. Más tarde, cuando tuve la oportunidad de publicar en *El Diario* de Nueva York lo hice sobre temas colombianos. En los noventa, preocupada de que mi país solo se conociera en el exterior por el estigma del narcotráfico y la violencia, creé el primer curso de posgrado sobre Colombia y fui en tres ocasiones a la Amazonia. En 1999 se firmó el Plan Colombia con Estados Unidos y mi curso se convirtió en pionero de lo que muchas otras universidades adoptaron después.

Ahora que intento explicar la razón para escribir sobre Colombia, pienso en mis orígenes, mi primera experiencia de familia, la lengua, los años en Medellín y en el campo, los ríos cristalinos que moldearon mi vida, las montañas protectoras, el sosiego de los valles, las feraces tierras y mi ciudad y su gente capaz y luchadora con su diversidad étnica, su práctico ingenio, su nobleza y su generosidad. Escribo porque no puedo guardar silencio ante la injusticia, la crueldad, la crónica de exclusión, la corrupción, la pobreza selectiva, el crimen organizado, los campesinos desplazados, dejados a la intemperie en la lucha de poderes entre delincuentes, o a la merced de intereses económicos que en nada estiman su labor, fundamental en la cadena de subsistencia diaria. Ese pueblo mancillado y esa tierra regada con sangre también es grito contenido que en el poema intento expresar en un ámbito de nostalgia, de recuerdos, de dolor de patria, de deseo de regreso, de reclamo y también de amor y esperanza. Esos sentimientos contrapuestos me habitan.

Colombia es para mí un río de sueños y una borrasca de pesadillas. En ocasiones al escribir, esa tierra me atrapa en las calles de mi barrio, en los parques, en los atardeceres amenizados por los pájaros, porque soy más que un cuerpo que va de un país a otro, y ese mundo que no puedo ni quiero perder se cuela en mis versos, sin importar que deteste esa cultura formalista, oficinesca y papelera diseñada para dificultar la vida al ciudadano común y para robarle los más preciado que tiene el ser humano que es su tiempo. Colombia codifica para mí lo más querido y lo más rechazado que tal vez sea otro modo de amarla.

La escritura concilia fugazmente en el poema las contradicciones de una emigrante con cultura híbrida y mitiga la ausencia irremediable de mis seres amados, de los amigos que perdí sin despedirme y de los que desaparecieron sin dejar rastro, todos aquellos para los cuales ya no existo. Escribo en español porque en mi primera lengua cada palabra encarna algo tan singular como el sabor exacto de una fruta. La lejanía me concede la ventaja de una perspectiva global, y, de otro lado, la limitación que impone la ausencia en el acontecer cotidiano. Por eso cargo con múltiples dolores intensos que he tenido que afrontar en soledad: No estuve en el conflicto del narcotráfico y de las guerrillas y paramilitares. Falté cuando por una equivocación irreparable asesinaron a mi primo; cuando mi hermano, obligado a desplazarse con su familia, huyó para salvar su vida; no estuve para secar las lágrimas de mi padre por los que sin escapatoria tuvieron que abandonar su tierra; le falté a mi madre cuando estuvieron a punto de allanar su casa por una confusión con la dirección de un narco; tampoco estuve cuando asesinaron a amigos y compañeros de la universidad ni cuando secuestraron al padre de mi vecino y pagaron su rescate en un cementerio, a delincuentes que fingían decorar tumbas. Falté a la barbarie de los falsos positivos y los desaparecidos, tampoco estuve en desastres naturales, como la tragedia de Armero o las sequías. Y hoy sigo faltando a los horrores del crimen organizado, a la corrupción que protagonizan los estamentos del Estado, a la brutal deforestación de la Amazonia, a la contaminación de las aguas, a los dolorosos asesinatos de los líderes sociales ante la indiferencia del gobierno, al incremento de cultivos ilícitos, al empobrecimiento que causa la enorme carga fiscal que lleva el pueblo, y a la rapacidad legalizada de un sistema financiero que hace imposible el ascenso social. Por eso al escribir cada verso presiono en el teclado las palabras hasta hacerlas decir el dolor que siento como una manera de buscarme y de buscar la inexistente lógica de lo absurdo y de rescatar lo que tal vez ya definitivamente se ha extinguido, ese mundo que sin embargo pervive en mi interior.

  Me duele la patria porque a pesar de la ausencia tengo un sentido de pertenencia que me (des)orienta: bajo ese pedazo de cielo hay un embalse que se bebió mi pueblo y hay días en que siento que mi patria me persigue y cuando vuelvo la vista se me aleja y me estremezco ante la imposibilidad de reencontrarla más allá del país de mis espejos. Otras veces pareciera que fuera un faro que me llama, la moneda de luz que me sostiene. Pero no es así; ser colombiana en cualquier parte de la tierra es un orgullo ¿Cómo no? Pero también es un estigma y cada fase que atraviesa el país de míseras victorias y abundantes derrotas y fracasos, en sus hijos ausentes repercute y entonces me pregunto: ¿qué sentirá Colombia con millones de corazones rotos, separados de su cuerpo, viviendo lejos una nostalgia que no cesa y un dolor que no madura?

Y es que mi madre patria es un espejo agrietado que refleja en mi espíritu herido su propia imagen, y pienso si mi sentir y mis efímeros esfuerzos fueran simplemente vestigios de algo que también es desechable. Porque la imagen que yo añoro es un país volátil, una pulsación en la sangre, una estrella que me invita y cuando quiero seguirla se desvanece en la niebla o se quiebra en cascadas que me golpean y me dejan ciega. Me llama y cuando llego me expulsa como si me desconocieran en mi propia casa o me percibieran como una persona remota y sin origen. Ya lo dijo el poeta Tulio Mora "el hombre o la mujer que ha salido de su tierra, no de su país, óigase bien, ya es nadie." He vivido como en sueños, abrochada a su esencia, con su recuerdo tatuando mi presente, con la ilusión de que si hubiera un reencuentro la tristeza cesaría y ya no lloraría más al escuchar el Himno Nacional o el Himno Antioqueño en un rincón distante. Pero es otro país el que me espera, el mío hace tiempo dejó de ser el mismo que dejé.

NO TE VERÉ MÁS

Ya no te veré más con los libros bajo el brazo.
Ya no dialogaremos sobre el paraíso que ibas a construir
sobre la tierra.
"vivir también es un riesgo" –era tu lema,
tu moral, el desapego;
y tu sueño, el improbable mundo justo para todos.

Cuando regrese a mi ciudad
no habrá apuro por visitar tu casa
ni tendré con quien recordar los juegos infantiles,
sobrarás también en la lista de regalos...

Tu vida se esfuma en el tráfago de pleno medio día.
La guadaña se cernió sobre ti.
Con tu bondad iluminarás los árboles;
darás color a las flores y buen sabor a los frutos.
Y yo no te veré más...

Desde ese frío cementerio donde yaces
desde esa patria donde todo se olvida
profetizarás el desenvolvimiento de los días,
aconsejarás a los fantasmas mejores formas de ayudarnos
recordarás sin amargura esta tierra de dolor
donde ya sabemos que no es posible la dicha
y vagarás vestido con tu único disfraz:
el sueño.

PAISAJE DUAL

A Olga de Amaral

Se nos volvieron sangre los ríos transparentes
de luto se cubrieron nuestros ríos de luz.

La montaña ya no es de oro
corre la muerte presurosa en sus laderas.

El paisaje donde el verde era de todos los colores
también se oscureció.

Por favor, teje un río nuevo,
borda de oro otra montaña
píntame un paisaje de verdes cafetales
el rumor de las acacias en la sangre
y el grito de los bosques
bajo el brillo del verano.

SUEÑOS EN FUGA

Como luciérnagas nos bebemos la luna
por avenidas de asfalto retorcidas
soñamos con playas vírgenes
con amaneceres ebrios y una luz más cierta...

Añoramos el canto de la fuente
la espesa siembra
y una fogata para ahuyentar el tigre.

Los bosques de clorofila alborozada
ya no sostienen el vuelo de las aves
Exiliados somos del solaz diurno del paisaje
de la canción del viento entre las ramas.

Nos queda la fiebre en el planeta
la nostalgia del verde,
los sueños en fuga
los laberintos de concreto
como su hervidero de hormigas voraces
que devora la selva...

PROPIEDAD PRIVADA

Todo se lo llevaron los señores del poder
los desarrollistas enrollaron el paisaje en su ambición
los inversores invirtieron los valores
los interesados se desinteresaron por el prójimo.

Tierra violada
erosionados tus montes
contaminada tu leche curativa
herida tu piel de mujer.

Ya no habrá playas para ti
mi niño
no habrá aire limpio en tu paisaje
la tierra ya tiene dueños
el oxígeno y el agua tienen dueños
y hoy leí en el diario que se subasta la luz del astro rey…
Debes construir un refugio
en el fondo de tu ser
y aprender a vivir del resplandor de tu propia desnudez.

DESPLAZADA

Naufrago entre nostalgias y lamentos
mi casita me la han roto en mil pedazos
compasión pido a la noche
que me sumerge en mundos doloridos,
en recuerdos que no puedo sepultar.

En otros lares lo sé,
el sol calienta generoso los techos y los parques,
a dentelladas tritura mi nostalgia...
Soy un silbato en puerto abandonado
soy una calle con chillidos de ratas
una muchacha chapuceada por la vida
contra mi cuerpo se ha masturbado el fuego...

A quién acudir
A quién llamar
Dónde el paracaídas que nos salve
de esta larga antología de fracasos
Dónde el rayo de luz,
de la ansiada salida de emergencia.

MI TIERRA SE DESANGRA

Del sur
de ese trozo de tierra yo les hablo,
de caminos destruidos,
de hermanas que marchan como hormigas
por predios sin amparo,
de campesinos acribillados
entre las balas del (para)militar y el guerrillero,
de obreros que caen como fruto desgajado
por un huracán inoportuno.

En esta tarde triste de noviembre
se me torna opaca la mirada
me voy quedando ciega
en este desfile de desastres
con el miedo que roba la alegría
caminamos contando los difuntos.
¿Dónde enterrar este horror
esta violencia siamesa de la vida,
abrir el cielo a esta luz de otoño
y descubrir el palacio de buenas intenciones?
¡Y no más!
¡No más guerras en la América mía!

Mientras camino sobre esta cuerda floja
me acecha un tropel de muertos descompuestos
de fosas comunes
de desaparecidos que me espantan
a plena luz del día.
Mi tierra del sur está sangrando

y el corazón se siente fatigado
pero no está vencida todavía
porque esta estrella que en mí explota
esta tarde fría de ceniza
conjura con un grito las manchas de la sangre.

EL PUEBLO QUE TE LLAMA

Más lejos y distante
allí me tocas,
me sigues
me invitas al regreso.
Resisto
lucho contigo cuerpo a cuerpo contra tu llamado.

Me ofreces campos de salvajes potros
árboles que no tocó la nieve
ni castigó el otoño
espacios más amargos que el sabor a peligro
y seres que beben catástrofes y deseos.

Esa tierra me lleva en sus entrañas
donde están mis raíces
donde fui plantada
y ahora esta locura de Nueva York
me circunda,
me asfixia,
me enloquece...

Confundida quiero gritar...
las luces agotan mi vida
los edificios me ahogan
las sirenas hieren los oídos
Las calles plagadas de ambulancias...

Aquí deambulo
extraña, atomizada

rama cuyo árbol está lejos
liquen que me cruza
flor sin savia.
Oigo tu voz que me llama
desde el fondo del océano
"¡vuelve a casa!"
(y el miedo agrieta la piel de bronceada luna)
Allí te espera el árbol que te habita
quizás nunca brille en tu morada
nunca fuiste a la India ni al Perú
no fue verdad España o Suiza
nunca vieron tus ojos Torre Eiffel
ni te aficionaste a la zoofagia
con los pobladores del mar
en los restaurantes de Lisboa
Estambul nunca estuvo bajo tus pies
y no es cierto que vivas en Nueva York.
Sigues allá plantada
acacia en tu pequeña aldea
madera que cruje en las manos de tu padre envejecido
enorme laurel donde la abuela fijaba sus secretos.

Estás triste de sombras y recuerdos
este mundo jamás te ha sido cómodo
los hados no dieron razón de tu existencia
interrogas
escuchas los gallos
miras los astros
calculas los números
lees tu diario
las intrincadas líneas de tus manos

y solo oyes el silencio
gritando al fondo de tu sangre
que nunca quisiste venir a este mundo.

Has dado tanta vuelta buscándote a ti misma
y solo migajas recoges de esa infinita errancia
Tanta arena masticada para tan poca cosa
tan largo camino de nubes polvorosas
y no te has movido del pueblo que te llama.

MI TIERRA
A Beatriz González

Este no es el infierno de Dante
es peor,
nos lo ofrecieron
como el mejor de los mundos existentes
¡Pero ya ves!
ni la sagrada familia
ni la devoción de las monjas
ni las oraciones de los curas
nos salvaron del naufragio.

nuestra patria se vuelve añicos
en todas sus galerías subterráneas
y no sabemos hasta cuándo...

Quizás el retorno al sostén de los mayores
o esa cuna que ha enmarcado tu maternidad
prediga el nuevo nacimiento
propiciado por la madre tierra
azul paisaje de esperanza
lejos de los ladrones de sueños.

DISTOPÍA

El tiempo ha retorcido tu destino,
amado país con coraje de leones,
tu rebeldía y tu arrojo a dónde se ocultaron…

Tu lenguaje-luz enmudeció,
saquearon tu libertad, tu riqueza y tu altivez…
y de enfermedades y de hambre desfalleces.

Tierra del sur,
hace mucho que no ríes
que no sueñas…
multiplican prisiones y torturas…
desamparados pululan en tus calles
y en las veredas de países vecinos.
Pides auxilio,
liberación de los despiadados
de los asesinos de muchachos
que dan gritos de socorro
y demandan no más rapiñas en tu piel de paraíso.

Entre diques te encerraron los intrusos;
te abusan… te corroen,
y herida de muerte estás.
Una montaña rusa eres
con tu propio circo de acrobacias
pero no morirás en el trapecio
porque has llegado al centro de ti misma.

Eres más que lodo ensangrentado

es inútil que intenten devorarte
y dejarte con el alma a la deriva
pues, todo en ti grita: ¡adelante!
y ahora que te has visto en carne viva
cada día das un paso a la victoria.

TRISTEZA

¿A dónde se fueron tus jardines
mi amada tacita de plata?
¿tu eterna primavera
tus calles para correr sin miedo
el aire limpio y tus flores amarillas?

¿Dónde tu lluvia de alegrías
el viento prodigioso
desordenando el cabello de muchachos
sin mente de cuchillos, ni golpes, ni pistolas?

¿Dónde tus estrellas diurnas
los colibríes amigos,
los padres protectores
y la hermosa locura de artistas y poetas?

¿Por qué los pájaros enfermos expuestos a las hondas
madres masticando pavimento
ofreciendo sus hijas al mejor postor
niñas aspirando sacol y gasolina
engalanando sus horas sin abrigo
sin padres…
sin amor?
La ciudad estaba herida
y con toda esta vida que se fue
a plena luz del día, brotaron mis lágrimas
frente al parque, en el atrio de la catedral.

AVE DE MAL AGÜERO

No es mi función ser ave de mal agüero
pero cómo callar lo que la tierra grita
con todas las lenguas de su cuerpo

Los flautistas de Hamelin
al abismo nos lanzan
fieles a sus dioses codiciosos.

Vamos hacia la catástrofe
lo gritan mis pesadillas
lo anuncian las estrellas
lo dicen las noticias de la tele
lo advierten voces tenebrosas.

Vamos hacia la catástrofe
me lo dice una progresión desconocida
la ilógica lógica de los poderosos
esta avaricia sin orillas que deja serpentinas de miseria.

Marchamos hacia la catástrofe
a la brecha entre palabra y verdad
entre palabra y bondad
entre palabra y belleza.

Catástrofe que creíamos diseñada para otros
que no éramos nosotros.

HASTÍO

Icemos el pecho a la alegría
el mundo nos deja cada día sin palabras milagrosas
que aparten esta venda de los ojos
sin remedio que cure las heridas.

Voces de cuervos gritan en las torres de los templos
nunca hemos visto el rostro de la paz...
tocamos puertas, golpeamos murallas...

¡No hay respuesta!

Ruedan los muertos en las calles
y los sacrificios crecen en el planeta azul.
Cuatro o cinco cuentan sus ganancias.

Su riqueza se hace de glóbulos rojos
de sudor de campesinos y cansancio de obreros
del desolado mirar de los mendigos
del llanto de niños asustados.

Su riqueza se hace de la ausencia de escuelas
del temblor de hospitales
de cementerios superpoblados
de jóvenes que en una esquina esperan
la ruleta final del sacrificio.

Sin balance aquí estamos con la mirada extraviada
sin poder saltar del mapa a la ruta.

Dónde la clave de la paz definitiva...
las aves vuelan desorientadas
y el hastío de la violencia llueve lento.

LA GUERRA
La guerra es un caballo desbocado
Es un jinete con granadas,
Con espadas,
Rifles y cuchillos.
Es un cuervo que picotea los cadáveres.

VI
ELVIRA SÁNCHEZ-BLAKE

ELVIRA EN SUS PROPIAS PALABRAS

Mi vida personal es simple. Nací en Bogotá y soy parte de una familia numerosa. Bajo la influencia de mi padre crecí con numerosas inquietudes artísticas literarias e intelectuales. Desde pequeña empecé a escribir en notas, diarios y cuadernos. Sentía que la vida no quedaba registrada si no se escribía. Cuando terminé mis estudios de Comunicación Social en la Universidad Javeriana, trabajé como periodista en la Oficina de Prensa de la Presidencia de la República en la época de Belisario Betancur. Aprendí cómo se representa la historia y cómo se manipula la narrativa oficial. Fui parte de ese proceso y comprendí que la verdad es porosa y elusiva. En mi primer libro, *Patria se escribe con sangre*, escribí:

> Fui testigo y cómplice de arbitrariedades, manipulaciones, censuras, distorsiones en el juego del poder y de la información. Fui parte del carnaval y de la mascarada que recrean el circo del poder y el manejo de opinión. Estos recuerdos me asaltan como petardos que aún no termino de conciliar.

La vivencia de varios episodios que marcaron la historia del país durante ese período me forjó varios derroteros. Yo presencié el Holocausto del Palacio de Justicia y fui testigo directo de la toma del poder que asumieron los militares ese día, algo que aún no se reconoce en la historia oficial. Fui testigo de la tragedia de Armero. Presencié las manifestaciones de los familiares de desaparecidos reclamando al gobierno, y las respuestas insulsas de funcionarios designados para desviar la atención y prolongar por siempre las búsquedas de los seres queridos.

Un hecho que trazó mi derrotero fue la firma de un "Acuerdo de paz" entre el gobierno y las Farc en Casa Verde, La Uribe, Meta, en marzo de 1986.

Yo fui la reportera designada por la Oficina de prensa y la encargada de tomar fotos y divulgar sobre este evento. En esa ocasión conocí y entrevisté a varios de los líderes de las Farc y del naciente partido, la Unión Patriótica. A mi regreso, un Mayor del Ejército me solicitó los negativos de las fotos. Cuando le pregunté cuál era el propósito, me dijo: "usted sabe que esta tregua es una farsa. Necesitamos identificar a esas *ratas*". Cuando me negué me amenazó con estas palabras: "Sabe muy bien que vamos a conseguir esas fotos por las buenas o por las malas. Usted decide". Por fortuna, para esa época, yo había obtenido una beca de la Comisión Fulbright para cursar una especialización en la Universidad de Cornell.

En agosto de 1986 el presidente Betancur terminó su período y yo también. El 15 de agosto viajé a Ithaca, Nueva York, cargada de expectativas y llevando conmigo los negativos de las fotos que nunca le entregué al Mayor. Poco tiempo después comenzaron los asesinatos sistemáticos de los miembros de la Unión Patriótica. En las noticias reconocía a varios de los personajes que había conocido durante la firma del Acuerdo. Me queda el consuelo de no haber contribuido a este genocidio.

Estas experiencias quedaron flotando en mi imaginario hasta que les pude dar nombre cuando cursé una maestría en Comunicación, y luego, un doctorado en Literatura Hispanoamericana en la Universidad de Cornell. Fue allí donde aprendí sobre las teorías del poder y del conocimiento; la historia y la contra-historia, el colonialismo y la subalternidad. Comencé a expresar con conceptos más precisos mis vivencias y convertirlas en escritos con sustancia y contenido crítico. Desde ese tiempo asumí la causa de la contra-historia, la de ver el lado opuesto del discurso oficial para cuestionarlo y darle voz a los que ocupan el otro lado. Encontré el testimonio y lo incorporé como herramienta y medio de escritura. El testimonio se convirtió en un mecanismo efectivo para recoger las narrativas de mujeres y de los sectores marginados. Descubrí también los artefactos culturales y artísticos que hacen parte del testimonio: el arte, el tejido, la música, el teatro y las manifestaciones populares. Una beca como Fulbright Scholar en 2015, me permitió desempeñarme como profesora investigadora de la Universidad del Valle y conocer las organizaciones que reivindican la paz y la memoria para hacer valer sus derechos. Durante esa época investigué y trabajé con la Ruta Pacífica de las Mujeres, las Mujeres por la Paz, las Matriarcas de Trujillo, la Asociación de Mujeres Tejiendo Sueños y Sabores de Mampuján, *Sembrandopaz*, grupos de teatro y otras organizaciones a lo largo de Colombia.

Estos son los temas que aparecen en mis libros, *Patria se escribe con sangre*, en mi novela, *Espiral de silencios* y en mi último libro, *Suma Paz: la utopía de Mario Calderón y Elsa Alvarado*. Mis artículos académicos, en revistas literarias y en mi blog *Espirales* también abordan temas sobre la incesante búsqueda de paz desde todas las vertientes.

Es así como mi vida profesional se ha trazado por tres senderos: periodista, académica y narradora. Soy autora de varios libros de corte académico, pero también he escrito ficción, teatro y numerosos artículos en revistas y libros profesionales. He sido profesora de varias universidades: Cornell University y Michigan State University en los Estados Unidos. Además, tuve la oportunidad de enseñar como profesora visitante en la Universidad Autónoma de Yucatán en Mérida, México, y en la Universidad del Valle en Cali, Colombia.

Mi historia tiene dos identidades. Soy Elvira Sánchez Rueda cuando estoy en Colombia y Elvira Sánchez-Blake en Estados Unidos. Vivo entre dos mundos, dos idiomas, dos culturas y dos pasaportes. Escribo en dos lenguajes: el académico y el creativo; en inglés y en español. Mis libros y artículos se traducen y se conocen en varias latitudes. Sin embargo, en esencia soy una sola con un derrotero: trabajar por la paz con justicia social.

PÁJARO MÁS RAMA MÁS TRINO:

CARTA A BELISARIO

Estimado Belisario,
Usted solía iniciar sus discursos con una parábola. Cuando un pájaro se posa en una rama ya no es el mismo pájaro ni es la misma rama. Si además trina, entonces, ni el pájaro ni la rama ni el trino son los mismos, porque la confluencia de factores incide en la continua transformación: el devenir histórico. Esta parábola servía para ilustrar el aforismo del filósofo Heráclito sobre el fluido constante, "Nadie se baña dos veces en un mismo río", y al que usted agregaba, "ni es el mismo hombre el que se baña en él".

Pienso en esta analogía para recordarlo cuando yo ejercí como redactora de la Oficina de Prensa de la Presidencia durante su administración. Son muchas las imágenes que afloran al rememorar los cuatro años de su gobierno. Cubrir su mandato día a día en mis labores como periodista se convirtió en un aprendizaje de vivencias intensas que me ha tomado el resto de mi vida comprender y decantar.

Recuerdo que cuando asumió el cargo lo primero que hizo fue declarar la amnistía y ordenar la liberación de presos políticos. Su concepto de paz abordaba las "causas objetivas y subjetivas de la subversión". Tantas veces lo dijo y yo lo he venido a comprender en el reciente proceso de paz, en el que finalmente se aplicó este concepto. En esa época no fue comprendido, como tampoco lo entendieron los "enemigos agazapados de la paz" —frase célebre de Otto

Morales Benítez— cuando muchas fuerzas oscuras se empeñaron en obstruir e impedir que se consolidara su anhelado proceso de paz.

Sin embargo, lo que más recuerdo es el día de la toma del Palacio de Justicia. Fue esta la encrucijada en que la historia del país se rompió en dos. El evento que marcaría el recrudecimiento de la violencia que ha azotado al país durante las siguientes tres décadas.

Aún conservo la imagen del encuentro que mantuvimos usted y yo aquel jueves 7 de noviembre. ¿Lo recuerda?

Habían pasado más de 24 horas desde la toma del Palacio de Justicia por parte del M-19. En una operación que denominaron "Antonio Nariño por los Derechos del Hombre", ingresaron al Palacio de Justicia y tomaron como rehenes a magistrados de la Corte, funcionarios judiciales y al personal que se encontraba en la edificación. Los guerrilleros reclamaban al presidente el incumplimiento de los acuerdos pactados el año anterior. De inmediato, el ejército respondió con una fuerza inusitada a sangre y fuego.

Yo había logrado ubicarme junto con otros periodistas en la terraza del edificio del supermercado *El Ley*, una posición privilegiada desde donde pude observar el ataque por tierra y aire. Vi cuando las tropas de los Comandos Goes descargados por helicópteros saltaban sobre la terraza y se ubicaban en diferentes puntos estratégicos del Palacio de Justicia y en los edificios contiguos. Las ráfagas de metralletas alcanzaban a rebotar en la terraza donde nos encontrábamos. Nos obligaba a guarecernos bajo las cornisas, pero no nos impedía seguir paso a paso los acontecimientos.

Lo más aterrador fue cuando los tanques blindados de guerra comenzaron a atacar desde la Plaza de Bolívar horadando boquetes como si el edificio fuera un armazón de juguete. Cada disparo de cañón estremecía la tierra. Yo sentía que me encontraba en medio de una película de guerra: asaltos por todos los costados, ráfagas de metralletas, fogonazos en cada esquina. Mis compañeros camarógrafos captaban en sus lentes lo que ocurría en imágenes que después recorrerían el mundo. Yo, mientras tanto, las atesoraba en mi memoria sin saber que estas perdurarían para siempre.

Esa tarde me atreví a cruzar en medio de la escaramuza por la Plaza de Bolívar, luego atravesé el Capitolio y llegué hasta al Palacio de Nariño. Cuando por fin me sentí segura en mi escritorio de la Oficina de Prensa, me enteré de la otra parte de la historia. Desde el inicio de la emboscada, el Presidente de la Corte Suprema de Justicia le imploraba al Presidente de la República que detuviera el asalto militar. Los llamados se hacían cada vez más apremiantes desde la radio que transmitía en directo con la oficina del Magistrado: "¡Por favor, Presidente, detengan el asalto!" Sin embargo, la respuesta del Gobierno fue suspender las transmisiones y a cambio emitir un partido de fútbol.

Los teléfonos repicaban sin cesar en la Oficina de Prensa. Nosotros, encargados de ser voceros del Presidente, no sabíamos cómo responder ante la insistente pregunta,

¿por qué el Jefe de Estado no responde al llamado del Presidente de la Corte Suprema de Justicia?

Esa noche el edificio sucumbió a las llamas. Desde la Plaza de Armas divisamos cómo la estela de humo se elevaba hacia un cielo incandescente. Entretanto las comunicaciones se habían silenciado. ¿Cómo era posible —se preguntaba el país entero— que Belisario no respondiera ante las demandas del Presidente de la Corte, ni siquiera cuando el Arzobispo, los expresidentes, y delegados internacionales se ofrecieron como mediadores del diálogo? ¿Era este el mismo mandatario que había prometido "ni una gota más de sangre"; el que había ofrecido pacificación y diálogo; el mismo que se enfrentó a los militares para lanzar su ambiciosa Amnistía; el que sonaba a candidato al premio Nobel de la Paz?

Al día siguiente el silencio del gobierno era enervante. Yo me atreví a desafiar el confinamiento en la Oficina de Prensa y me asomé a las escaleras de caracol que conducían al tercer piso, donde se encontraba el despacho presidencial. Al intentar subir, me impidió el paso el edecán de la Fuerza Aérea.

—No puede pasar.

—¿Y por qué?

—Son órdenes.

Intenté convencer al oficial con una actitud amistosa:

—Mayor, comprenda que necesitamos saber qué pasa. ¿Por qué el Presidente no responde?

Mientras le hablaba, desvié la mirada hacia el tercer piso y observé a un nutrido grupo de militares de alto rango debatiendo en la puerta del despacho presidencial.

La respuesta del oficial me dejó petrificada.

—El presidente ya no es presidente. El que está a cargo de la situación es mi general. Y sus órdenes son exterminar a los terroristas.

Las piernas me temblaban cuando regresé a la oficina. Mis compañeros se quedaron pasmados cuando les compartí lo que acababa de escuchar. Incluso algunos se atrevieron a bromear. Tendríamos que aprender el lenguaje castrense.

Hacia el mediodía escuchamos que la operación había concluido. La ofensiva había sido aniquilada. Los guerrilleros fueron exterminados, así como los magistrados, el personal de la Corte y la rama judicial en toda su extensión. A esa hora vimos las imágenes televisivas de los pocos que salían con vida y eran conducidos al Museo Casa del Florero ubicado en la esquina de la Plaza de Bolívar. Entre ellos se encontraban empleados de la cafetería, estudiantes de derecho y personal de menor rango. Estas personas fueron conducidas a instalaciones militares para ser interrogados y posteriormente fueron desaparecidas.

Los reporteros transmitían la identidad de los fallecidos en el operativo, más de 120 personas, entre ellos, el presidente de la Corte Suprema de Justicia. Los teléfonos de la oficina de prensa repicaban sin cesar. Nosotros ya no respondíamos.

Yo no pude resistir y me encaminé de nuevo hacia las escaleras. Esta vez nadie me detuvo mientras ascendí cautelosa al tercer piso. Curiosamente, el despacho presidencial se encontraba vacío. Continúe hacia las oficinas contiguas. No vi a ningún funcionario. Me dirigí por el corredor a la sala del Consejo de Ministros. Un impulso indefinido me llevó a abrir la puerta. De repente me encontré frente a frente con usted, Belisario. Recuerdo su rostro demacrado y la angustia reflejada en sus ojos. Me llamó la atención que su cabello se hubiera encanecido de repente. Estoy segura de que se acuerda cuando me preguntó:

—¿Qué ha pasado? Cuénteme, ¿qué pasó?

Sorprendida de que usted no supiera lo que las estaciones radiales transmitían, contesté:

—Todo ha terminado.

—¿El presidente de la Corte? –Preguntó alarmado.

—Está muerto —le respondí con temor—. Todos los magistrados murieron.

—¿Está segura?

Hubiera querido no estar segura, se lo juro. Su angustia me inspiró una compasión profunda. Sin embargo, le respondí:

—Lo dicen todas las emisoras.

En ese momento llegaron otras personas. No recuerdo bien. Pero, lo que sí tengo presente es que entre usted y yo hubo una conexión, la de un secreto compartido. Comprendí también que lo que acababa de afirmar constituía su ruina, la de su carrera política, y la de todas sus ambiciones como gobernante y como persona.

Esa noche observé por televisión cuando se dirigió al país en la alocución presidencial y pronunció las siguientes palabras: "Yo me responsabilizo de todo lo ocurrido. El diálogo no es posible bajo presiones violentas".

Durante las siguientes tres décadas me he preguntado, ¿por qué asumió una responsabilidad que no le correspondía? ¿Por qué nunca aceptó que fue víctima de un Golpe de Estado por parte de los militares? Al principio pensé que se imponía una cuestión de honor y de dignidad. Quizás constituía una carga muy grande admitir la debilidad de las instituciones en un país que se precia de ser la democracia más antigua de América Latina.

Sin embargo, ahora estoy convencida de que su silencio constituyó un error mayúsculo. Creo que sobre usted recayó el peor castigo: ser testigo viviente de la degeneración del proceso que usted inició en uno de desangre y horror. Su empeño en asumir una responsabilidad que no le correspondía fue mayor que el compromiso con la verdad.

La parábola del devenir histórico cumple así su precepto en forma paradójica. Su culpa no fue por haber tomado las decisiones equivocadas en la toma del Palacio de Justicia, como muchos creen. Fue por no haber enfrentado la verdad. Estoy convencida de que si el país hubiera sabido la desmesura de la acción militar que se tomó el poder, se habrían conocido mucho antes las arbitrariedades que se cometieron durante la toma y después de ella. Esto le daría al pueblo la posibilidad de juzgar a los responsables, tanto a la guerrilla como a los militares, y así se hubiera ahorrado mucho dolor. Con ese conocimiento los culpables de uno y otro lado habrían pagado con el peso de la Ley.

Desde la distancia temporal y espacial de ese evento, le pregunto: ¿No cree usted que el conflicto que degeneró en un Estado deslegitimado y en un proceso trunco se habría evitado, si usted hubiera tenido el valor de defender la legitimidad de las instituciones al aceptar que fue depuesto como el líder elegido democráticamente? En ese sentido, Belisario, recae sobre usted la responsabilidad de haber alterado el devenir histórico. Su famoso "pájaro, rama más trino" no cabe en este enunciado. El pájaro que no trinó devino en un silencio cómplice y funesto.

HIJA DEL SILENCIO

La moto nos pasó rozando y nos obligó a correr hacia el andén. Su rugido nos aturdió, pero decidí que no nos iba a intimidar. Subíamos la colina que conduce al Parque Monumento de Familiares de las Víctimas de Trujillo. Dos compañeros de la universidad me acompañaban animados por la ilusión de producir un reportaje audiovisual sobre las Matriarcas de Trujillo.

Era la primera vez que regresaba a mi pueblo natal en mucho tiempo. Los recuerdos saltaban como conejos abriendo los diques donde se resguardan las memorias más antiguas. Al llegar a la terminal de buses tras un trayecto de tres horas desde Cali, descubrimos que el transporte en este pueblo era inexistente. Así, que nos repartimos la carga y emprendimos la marcha. Desde la plaza, el Parque Monumento parecía cercano porque el edificio circular dominaba la cumbre de la colina que se recostaba sobre la villa, pero la distancia se hacía mayor trepando la ladera con un fardo pesado. El pueblo me pareció triste y desolado. Poco o nada había cambiado desde aquella noche funesta quince años atrás. La tienda de doña Rosario en la esquina era la misma. Unos letreros desteñidos anunciaban *Manzana Postobón y Cerveza Bavaria*. El parque central estaba cubierto de maleza; los restos de columpios oxidados yacían en un rincón entre la hojarasca, y un perro famélico olfateaba la basura acumulada entre los restos de los bancos de hierro.

Un murmullo de gritos infantiles me distrajo de la desolada visión. La escuela donde cursé unos años se hallaba al otro lado de la plaza, justo al inicio de la pendiente. Era una edificación de color indefinido. Tantas veces habían pintado azul sobre rojo y de vuelta rojo sobre azul, que el color actual era una gama de tonos violáceos descascarados. En esa escuela aprendí a borronear los trazos de "amo a mi mamá y mi mamá me ama", y a contar los primeros números. Sin embargo, apenas asistí la mitad del año escolar. La vereda de San Javier donde quedaba la finca del abuelo era distante y cuando llovía se empantanaban los caminos. Mi abuela me llevaba de la mano a rastras, sorteando los charcos y bordeando la creciente del río Cauca que subía hasta inundar los senderos. El paso se hacía más difícil, no solo por las corrientes, sino porque aparecían cuerpos flotando sobre los riachuelos. Al cruzar los puentes, mi abuelita me cubría los ojos y me advertía: "No mires. Camina con los ojos bien cerrados."

La curiosidad me impedía cerrar los ojos y entre las rendijas de los dedos divisaba los cuerpos cubiertos por una capa verdosa: torsos reventados con vísceras dispersas; ojos abiertos en rostros desfigurados; brazos y piernas desmembrados que a veces quedaban incrustados entre las ramas. Era una visión que hacía estremecer a mi abuela, pero a mí me dejaba con preguntas que nadie respondía.

—¿Quién los tiró al río, abuelita? ¿Es que hicieron algo malo?

—No preguntes. No mires. No digas nada —exclamaba mi abuela—. Sobre todo, no vayas a mencionarlo en la escuela ni a la maestra.

Los cuerpos no me inspiraban repugnancia. Era algo que había visto desde que nací. Solo recuerdo el olor, un hedor intenso y viscoso que se pegaba al cuerpo. Era igual a la pestilencia del ternero que quedó atascado en un barranco. Como fue imposible rescatarlo, su fetidez se impregnó por todos los rincones de la finca durante varios días. Aunque nunca me dejaron ver su cuerpo, relacionaba los muertos del río con el hedor del ternero, y los mugidos de la vaca con lamentos perdidos en la noche.

El sol se asomaba por entre nubes rosadas tras la cordillera occidental. Los rayos comenzaban a arder y el peso de los equipos se hacía sentir sobre la humedad de los cuerpos. Mis compañeros subían la cuesta jadeando, pero con determinación y sin queja. Estaba dispuesta a sacar provecho de esta oportunidad para producir el reportaje que me habían asignado para el programa Redes de Solidaridad del Canal 2 de Cali.

La presidenta de la Asociación de Familiares de Víctimas de Trujillo –Afavit– Doña Ludibia, nos recibió en la entrada del edificio con una sonrisa. Ludibia era una mujer sin edad. Sobre su rostro se observaban las marcas de la vida: tres desplazamientos, numerosos familiares muertos o desaparecidos que llevaba anotados en una libreta, y una sucesión de duelos sin decantar. Sin embargo, lo que sobresalía en su rostro era su inmutable dignidad.

Yo me detuve en la puerta para captar con la cámara la imagen de la reja: un cuerpo descabezado con los brazos extendidos emulando una cruz. Lo complementaban palomas y cruces a su alrededor. Mis compañeros preguntaron a qué se refería. El padre Tiberio acudió a mi mente. Un letrero sobre el muro principal daba la bienvenida al museo.

*Busca el **Ayer** con sus sombras y luces de esperanza/ Transforma el **Hoy** en dignidad de vida/*
*Y **Mañana** recogerás el fruto de la justicia.*

Cuando entramos al recinto recorrimos La Galería de la Memoria. El lente de la cámara se
 enfocó en cada uno de los horrores perpetrados contra esta población en los años noventa registrados a lo largo del muro del salón principal. Uno de los hechos más dolorosos fue el asesinato del padre Tiberio ocurrido en abril de 1990. Un muro dedicado en exclusiva a este evento exhibía los recortes de los periódicos de la época con los titulares y fotos denunciando la atrocidad del suceso.

Violencia en Trujillo. Atroz asesinato del párroco/ Los crueles criminales le cortaron la cabeza,
 le amputaron las manos y lo castraron en un espeluznante crimen que ha originado una gran conmoción/ 30 años después, aún espera la justicia y la reparación.

La muerte del Padre Tiberio había desatado un miedo generalizado. La ola de violencia se extendió con más de trescientas muertes y desapariciones ocurridas con absoluta impunidad. Lo peor era que las autoridades formaban parte de los victimarios que azuzaban el terror. Mientras capturaba el historial con el zoom de mi lente asocié esas noticias con la época de mi niñez. Yo nací el mismo año del crimen y crecí escuchando la leyenda que se tejió a su alrededor. Mis primeras memorias evocaban el miedo que se percibía en el ambiente. Mis abuelos tenían una finca mediana que producía café, plátano y árboles frutales. Recuerdo las discusiones constantes entre mis abuelos. La idea de salir de la finca era impensable para mi abuelo, un campesino que solo sabía trabajar el campo. Su argumento era contundente:

—No podemos abandonar la finca. Me niego a dejarles en manos de esos desgraciados la tierra que hemos cultivado con tanto esfuerzo.

—Pero, *mijo*, estamos en peligro —clamaba mi abuela—. Las amenazas no nos dejan otra opción. ¿O quiere terminar en el río?

Yo vivía con ellos, a pesar de que mis papás tenían su finca en las cercanías, donde se criaban mis hermanitos pequeños. Yo en cambio crecía con un puñado de muchachitos a quienes consideraba primos, pero en realidad, no tenía claro los lazos de parentesco que nos unían. Algunos eran hijos de tías y primas sin padres conocidos. Mi abuela se hacía cargo de todos y por eso la considerábamos nuestra Mamita. Mi madre venía de vez en cuando y en ocasiones me llevaba a pasar unos días en su casa. Con mi papá no existía una conexión. Siempre me pregunté sobre el afecto que él profesaba a mis hermanos en contraste con la marcada indiferencia hacia mí.

En ese momento se escuchó una conmoción en la entrada al museo y regresé de súbito al presente. Ludibia me conminó a apagar la cámara. ¿Qué ocurría?

—A sus órdenes, ¿qué se les ofrece? —preguntó Ludibia a un par de hombres que ingresaban a la galería. Ambos lucían camisas blancas con pantalón azul, como funcionarios de alguna compañía. Nos observaban con curiosidad y su interés por el museo era obviamente una pretensión. Ludibia se tensó y les repitió la pregunta.

—Sólo queríamos mirar el museo —intervino el más alto.

Luego, se acercaron a nosotros con obvio interés por los equipos de vídeo. El más bajo preguntó:

—¿Son de algún noticiero?

Mis compañeros y yo nos miramos. Cuando nos disponíamos a responder, Ludibia cortó en seco y les dijo:

—Si quieren visitar el museo deben hacer una cita. En este momento no estamos abiertos al público. Diríjase a la recepcionista.

Ludibia nos condujo hacia un salón mientras despachaba a los intrusos. Regresó al rato cuando se aseguró de que las puertas del museo estuvieran cerradas y no tuviéramos otras interrupciones.

—¿Las amenazas continúan? —indagó Oscar.

—Las fuerzas oscuras siguen presentes en nuestras vidas, aun después de tantos intentos de pacificaciones. Se llaman Las Águilas Negras, Los Gaitanistas o Los Rastrojos. En su mayoría, tienen nombres y apellidos propios de los gobernantes de la región.

—¿Entonces no detuvieron a los culpables de la muerte del padre Tiberio?

—Hubo señalamientos y condenas, pero muy cortas y todos están fuera. Fue la respuesta lacónica de la matriarca.

Los recortes de periódicos indicaban que un coronel del ejército y un jefe paramilitar conocido como El Alacrán, fueron condenados por la masacre de Trujillo. El alcalde de la época también estaba implicado. Se había aliado con los paramilitares y fue uno de los actores de las ejecuciones extrajudiciales. Ludibia contó que todos quedaron libres y continuaban activos en la política. Era evidente que no les interesaba que se conociera ni su participación ni sus alianzas ni sus negocios.

La historia se repetía. Las zonas agrícolas más productivas eran codiciadas por las bandas guerrilleras, paramilitares y estatales con el propósito de crear emporios de cultivos ilegales. Todos estos grupos combatían entre ellos, pero también actuaban juntos cuando les convenía. La verdadera víctima era el campesino que poseía unas pocas hectáreas y trabajaba con honestidad. La estrategia era simple: intimidación, terror, desalojo y apropiación. El padre Tiberio se atrevió a denunciar las atrocidades desde el púlpito. Acudió a las autoridades civiles y eclesiásticas. Se enfrentó a los poderosos. Se volvió un "sujeto incómodo". Por eso lo eliminaron de una forma atroz: castrado, decapitado y desmembrado a la vista del pueblo para que el mensaje fuera claro. Sin embargo, su figura decapitada se convirtió en el símbolo de resistencia de las víctimas.

La situación se hizo cada vez más difícil para nuestra familia. Las noticias de asesinatos en pleno día y la aparición de cadáveres en el río se convirtieron en asunto cotidiano. Ya no salíamos de la finca ni siquiera a la escuela. Hasta que un día el abuelo llegó agitado y nos ordenó empacar porque nos marchábamos esa misma noche. Mi abuela se apresuró a recoger alguna ropa y enseres en bolsas de hule. Nadie debía advertir nuestra inminente salida. Yo no entendía qué ocurría. Lo único valioso para mí era la gallinita que me habían regalado de cumpleaños. Yo la había bautizado con el nombre de Otilia. No lo pensé dos veces. La agarré con cuidado y la metí en un morral envuelta en unas ropas.

Nos despertaron a la medianoche. En la entrada a la finca mis abuelos cargaban la camioneta Willys. A los pequeños nos sentaron sobre bultos. Todo iba bien hasta que mi abuela se dio cuenta de que algo se movía en mi bolsa y descubrió su contenido. Entonces, me obligó a dejar mi gallinita sin compasión. No valieron llantos ni lamentos. De aquella noche solo recuerdo que no paré de llorar pensando en mi Otilia, la que moriría de hambre como los demás animales de la finca, y a la que nunca volvería a ver. Han pasado quince años, pero el dolor de esa noche aun me atormenta.

Nos refugiamos en un barrio de invasión de Tuluá. La casa pertenecía a un hermano del abuelo. Era una construcción de paredes de barro de un solo piso con dos habitaciones pequeñas y un recinto de escasos metros que servía de sala-comedor-cocina. Grandes y chicos nos hacinamos en las dos recámaras y muy pronto la convivencia se volvió un infierno. El calor era insoportable en recintos sin ventilación y colchones apretujados donde dormíamos diez personas. Mi abuelo buscó trabajo, pero no fue fácil. La marca de desplazado la llevaba en la frente como un estigma. Los vecinos nos miraban con recelo y los rumores no se hicieron esperar. "Si salieron huyendo será porque algo esconden. ¡Por algo sería!"

Al poco tiempo mi madre llegó con sus chiquitos. La abuela se hizo cargo de ellos con resignación. Cuando mi mamá me volvió a ver después de meses de ausencia, me abrazó y me apretó contra su cuerpo con una ternura inusitada. Yo la sentía con una mezcla de extrañeza y curiosidad. Era difícil verla como una madre por su extrema juventud y fragilidad. A veces me expresaba un cariño inmenso, pero al rato me ignoraba. La ausencia de mi padre despertó la curiosidad. Al preguntarle, ella respondió con evasivas, pero pronto supimos que él se había marchado sin saber a dónde. Mi madre se convirtió en una más a cargo de hijos y del sustento familiar como resultado de la violencia y del abandono.

Las mujeres de la familia consiguieron trabajos domésticos. Algunas de mis tías se emplearon de tiempo completo, mientras mi abuela se ocupó como lavandera de media jornada en los barrios del norte. Sin embargo, era tan escaso lo que ganaban que no alcanzaba para la supervivencia. Recuerdo el hambre, ese ardor insaciable con que nos íbamos a dormir. Y la rabia contenida. En la ciudad nos enfrentamos a los costos elevados de los alimentos y nos vimos abocados a la escasez. Cuando acompañaba a la abuela a la tienda a comprar o mejor, a fiar los escasos víveres, miraba con codicia las frutas y verduras que antes eran tan habituales en la finca y que ahora parecían inalcanzables.

Esa tarde nos reunimos con las Matriarcas de Trujillo. Las mujeres se sentaron en círculo y nos dispusimos a entrevistarlas. Las mujeres expusieron cómo se había creado la organización. Contaron que cuando la violencia se instauró en la zona, sus maridos, padres e hijos se habían marchado, muerto o desaparecido. En el peor de los casos, habían sido reclutados por alguno de los bandos en disputa.

—Las mujeres nos quedamos solas —precisó Luz Mery—. Un día nos dimos cuenta de que nos tocaba salir adelante como fuera. Entonces, la hermana Maritce, una sueca que trabajaba con una ONG, nos reunió y nos habló de nuestra fuerza interior y de las capacidades que debíamos desarrollar como colectivo. Luego, nos pidió que habláramos sobre nuestros recuerdos en unos talleres que llamaba terapias de memoria.

—Al principio nadie hablaba. Todas sentíamos un dolor tan grande que era imposible expresarlo.

Entonces, comenzamos a pintar, a tejer y bordar. Esas actividades nos ayudaron a expresarnos y en cierta forma, a sanar el trauma —comentó Soraya—. Cuando nos dimos cuenta de que compartíamos los mismos dolores, empezamos a vocalizar monosílabos que se convirtieron en palabras, y por fin, en un flujo desbordado de memorias acumuladas.

—¿Y cómo surgió la idea de las Magdalenas? —pregunté—.

—Cuando vino el artista Gabriel Posada con la idea de Las Magdalenas por el Cauca, nos invitó a que pintáramos los carteles que irían en cada balsa. Con su ayuda e instrucción, aprendimos técnicas de diseño y pintura. En poco tiempo, las figuras de nuestros familiares desaparecidos desfilaban sobre las balsas de la peregrinación de Magdalenas por el Cauca. ¡Nos sentíamos tan orgullosas!

Las Magdalenas consiste en una peregrinación de balsas que recorre un trecho del río Cauca en medio de rezos, cantos y *alabaos* en memoria de las víctimas de Trujillo. Cada balsa porta un estandarte con la imagen de las víctimas. Lo encabezan las balsas enarbolando el retrato del padre Tiberio y la Virgen de los Dolores. Muchos asocian la matrona vestida de negro en un palco gigante con La

Llorona, la madre legendaria que clama por sus hijos perdidos en el río. En la Galería de la Memoria vimos las fotos de las Magdalenas que se celebran desde el año 2008 y que se han convertido en el distintivo de las Matriarcas de Trujillo.

La conversación con las matriarcas fluyó sobre los proyectos que han desarrollado como organización y sobre la esperanza que ofrece la firma el Acuerdo de paz. Oscar aprovechó para preguntar qué significaba para cada una de ellas la palabra *paz*. Ludibia fue la primera en contestar:

—La paz es poderse levantar sin preocupaciones. Sin la angustia de que hay alguien
buscando cómo hacerle daño a uno.

—Para mí, la paz es irse a la cama sin hambre y sin miedo, —intervino Soraya—.

Noté que una de las asistentes no había dicho nada. Entonces, me dirigí a ella:

—Doña Nelly, ¿y para usted qué es la paz?

Se quedó callada, miró hacia abajo, sacó un pañuelo y se secó una lágrima. En voz muy queda, casi inaudible, respondió:

—Para mí no hay paz. No puede haberla mientras haya impunidad. A mí me mataron a mi esposo y a mi hijo, luego me violaron y encima tuve que salir desplazada.

Me acometió un temblor incontenible y la cámara que sostenía se tambaleó. Intentaba continuar la conversación cuando escuchamos que tocaban a la puerta. Era la recepcionista para avisar que unos oficiales preguntaban por nosotros. Ludibia bajó corriendo mientras nos asomamos a la ventana y observamos un Jeep de la Policía estacionado en la acera. Las mujeres se pusieron nerviosas. Cuando volvió Ludibia, nos dijo: "querían saber a qué habían venido".

Una descarga eléctrica tensó el ambiente. Las matriarcas cruzaron miradas ansiosas y mis compañeros me apremiaron para que nos marcháramos. Yo intenté calmar los ánimos porque necesitaba terminar nuestra misión. De nuevo escuchamos el sonido de la moto que se acercaba por la calle. El rugido era tan atronador que impedía continuar las entrevistas. Aproveché para saber más sobre la historia de Nelly en una conversación personal. Ella no dijo mucho. Luz Mery, en cambio, se explayó sobre los abusos sexuales cometidos durante la época de las masacres.

—Nadie se salvaba de los abusos y violaciones cometidos contra las mujeres por los miembros de todos los bandos. A los hombres los torturan, los matan o los desaparecen, pero las mujeres somos víctimas en nuestro cuerpo y en nuestra intimidad. ¿Cómo se supera una violación? Es una marca indeleble que queda para siempre.

La moto pasaba una y otra vez en rondas circulares alrededor del edificio. Subía por la cuesta del museo y volvía a bajar con agresividad. Nos enviaba un mensaje.

Miré a Nelly con compasión tratando de entrever por las rendijas de su dolor. Me topé con una mirada vacía que me recordó a mi madre. Así miraba ella, con la vista perdida en un pozo interior insondable. En medio del estruendo de la moto y del dolor de Nelly, recordé aquel día en que mi abuela me impidió salir a la calle a vender boletos para una rifa.

— Usted no sale sola. Si va a salir, vaya acompañada de su primo.

—¿Por qué abuelita? Usted sabe que yo no hago nada malo. Mis rifas son buenas. Me dan dinero. Fíjese que ya no le pido para la merienda.

—No es por eso. Usted ya tiene trece años. ¿No ha notado cómo la miran los hombres? No sale y no se hable más del asunto.

Ante mi insistencia, hizo un esfuerzo por contenerse y expresó lo que la asfixiaba:

—¡No quiero que le pase lo que a Mireya!

—¿A mi mamá? ¿Qué le pasó?

Mi abuela rezongó y se sumió en un silencio hermético. Al rato, traté de escabullirme por la puerta trasera. Ella se dio cuenta. Me detuvo en la verja y me arrastró a la casa a regañadientes. Entonces, le espeté:

—Si no quiere que me pase lo mismo que a mi mamá, cuénteme.

Mi abuela se serenó. Cerró la puerta. Me miró y comenzó a hablar, primero con recelo, luego fue tomando confianza, y al final se explayó como una llave abierta.

"Sucedió en el año noventa. Fue cuando aparecieron los de la guerrilla exigiendo *vacunas*. Llegaban pisando con fuerza, amenazando con sus rifles. Sonsacaban un ternero o un marrano, pero no se iban sin manosear a alguna de las niñas. Mireya apenas tenía trece años. Era tan bonita e inocente. Luego llegaron los *paracos*. En poco se diferenciaban de los *guerrillos*. Quizás eran más sanguinarios. Llevaban armas de más alto calibre y no se contentaban con robar ganado, sino que mataban uno de los perros y lo dejaban tirado como escarmiento. Un día llegó una tropa bajo el mando de un tal comandante Rosendo.

Apuntaron a tu abuelo y lo acusaron de ser aliado de la guerrilla. Él intentó defenderse, pero fue en vano. Venían armados hasta los dientes. Nos amordazaron y le advirtieron que lo matarían si no les daba nombres de colaboradores de la guerrilla. Decían que su misión era eliminar la subversión. Mi abuela calló y se secó el sudor con un pañuelo antes de proseguir.

"Luego, se llevaron a Mireya adentro del establo. Eran varios. Escuchábamos los gritos de mi pobre hija y las descargas de satisfacción de los malditos. Los veíamos salir uno a uno sin poder hacer nada. Mi pobre marido temblaba de rabia y de impotencia, pero cuando les lanzaba improperios lo agarraban a culatazos, le apuntaban a la cabeza y a la de los niños pequeños. Yo solo rezaba y clamaba, ¡Virgen Santísima, ten piedad de nosotros! Cuando se fueron encontramos a Mireya desfallecida en medio de un pozo de sangre... Nunca volvió a ser la misma... Se quedó como alelada.

En medio del relato fui comprendiendo los secretos que rodearon mi infancia: conversaciones aisladas, rumores inconexos y la actitud de mi papá.

Mi abuela se pasó el pañuelo por los ojos y prosiguió:

"Al poco tiempo mataron al padre Tiberio. Fue el crimen más horripilante. Lo entendimos como una forma de escarmiento. Las amenazas continuaban por parte de ambos bandos y la situación se tornó imposible. No había autoridad a quién acudir. Las llamadas fuerzas del orden de la región eran los criminales. Algunos vecinos se marcharon. Otros desaparecieron. Nadie hablaba. El terror nos invadió. Un día apareció Rómulo. Era un vecino de otra finca que se veía decente y trabajador. Vino a pedirle a tu abuelo ayuda con un tractor. Yo vi que se fijaba en Mireyita con atención. Aunque él ya andaba por la treintena y Mireya no había cumplido los catorce, no lo pensé dos veces".

—¿Le gusta Mireya?

—No está mal.

—Es buena niña.

—¿Sabe cocinar?

—Está aprendiendo.

Entonces, le pedí que se la llevara. "¡Por el amor de Dios, llévesela!"

La moto volvió a pasar enardecida y las matriarcas nos advirtieron que ya era hora de partir. Un Jeep nos llevaría a la estación para tomar el bus de las cuatro. Durante el trayecto divisamos a los hombres de la mañana departiendo con otros tipos en una taberna y la moto estacionada en la acera. Esta vez su mirada desafiante contenía una amenaza perentoria: "No se metan en nuestros asuntos".

Apenas nos subimos al bus y emprendimos el regreso respiramos con alivio. Quince años atrás salí huyendo de este pueblo en mitad de la noche. Hoy me sentía desplazada nuevamente. Las palabras de Nelly aún resonaban en mi mente: "No existe posibilidad de reconciliación mientras las fuerzas oscuras continúen imponiendo el temor generalizado". Empecé a borronear ideas en mi libreta y a bosquejar el reportaje. De pronto, tuve una epifanía. La historia de las matriarcas era también mi historia personal. De inmediato escribí el *lead*:

Soy la hija del silencio. El que esconde mi madre como producto de un acto abyecto; el que oculta mi abuela como una vergüenza; el que niega mi padre como un deshonor, y el que carga mi abuelo por su impotencia. Por eso he asumido el legado del padre Tiberio: romper el silencio y convertirlo en denuncia con el fin de que el dolor de tantas Mireyas y Nellys no quede impune para siempre.

En el trayecto de bajada observé el río Cauca surcando apacible por entre colinas y valles. Fluía sereno e inocente, como ignorando la tragedia que se esconde en sus aguas enlodadas de sangre. En la distancia me pareció divisar a las Magdalenas clamando justicia unidas en un lamento que emerge desde el fondo imperioso del dolor.

LA FIRMA DE PAZ

Por fin llegó el día que tanto anhelábamos: la firma del Acuerdo de Paz. El gobierno y la guerrilla suscribirían un acuerdo histórico que daba por terminado seis décadas de conflicto entre las Fuerzas Revolucionarias de Colombia y el Estado.

Ataviado en guayabera blanca, y con una sonrisa de satisfacción, el presidente se preparaba para estampar la firma final. Se sentía dueño del mundo sobre la gran tarima del Centro de Convenciones de Cartagena de Indias aquel 26 de septiembre. Las cámaras lo enfocaban desde todos los ángulos. Lo acompañaba el jefe de las FARC, también en camisa blanca, listo para firmar el acuerdo tras el primer mandatario. Los circundaban en el fondo de la tarima los veedores internacionales y ejecutores del Acuerdo, en calidad de testigos del gran evento. Se veían expectantes y nerviosos ante el compromiso que esta firma entrañaba.

Yo, sentada entre el público en la parte más alejada, observaba y tomaba nota. Habíamos llegado el día anterior con el equipo audiovisual de "Redes de Solidaridad" tras quince horas de viaje en bus desde Cali. Mis compañeros, Óscar y Jairo, todavía se quejaban del largo trayecto atravesando dos cordilleras y sinuosos valles por carreteras en pésimo estado y numerosas paradas en cada pueblo. Lo positivo, les recordaba yo, era que durante el trayecto nos habíamos encontrado con miembros de todas las organizaciones de paz que acudían jubilosas al evento. Además, habíamos logrado que el canal de televisión nos financiara la asistencia a este acontecimiento y nos programara un especial para el próximo jueves.

Óscar estaba ubicado en el corral de los periodistas a cargo de la cámara. Jairo lo ayudaba con las luces y el sonido. Yo, en cambio, observaba. El Centro de Convenciones era un hervidero de gente. Un manto blanco parecía cubrir a la multitud, pues se había dispuesto que los más de dos mil asistentes vistieran de ese color. Las palomas blancas que adornaban el recinto acentuaban la necesidad de resaltar el símbolo eterno de la paz: áureo, prístino, evanescente. El salón al aire libre permitía observar el cielo azul resplandeciente del Caribe. Ni una nube surcaba el horizonte; solo de vez en cuando la ondeante bandera tricolor teñía con su amarillo, azul y rojo el firmamento.

Tras la firma del Acuerdo, la paz quedó sellada con un fuerte estrechón de manos entre el presidente y el líder de los rebeldes. Una foto que recorrería el mundo sería el registro visible de esta ceremonia y quedaría impresa en los anales de la historia. Confirmaban con ese pacto la culminación de cuatro largos y dolorosos años de farragosas negociaciones en La Habana. Las discusiones habían transcurrido en una montaña rusa de sube y baja que parecía no tener fin. La última semana el presidente se vio a obligado a encerrar a todos los negociadores en una especie de cónclave y los conminó a llegar a un acuerdo definitivo. El encierro dio resultado. Al final de la semana, como un halo de humo blanco, apareció el líder rebelde en la puerta de la casa El Laguito, sonrisa en rostro y documento en mano, anunciando que el acuerdo estaba listo para la firma de la paz.

Un aplauso estruendoso se escuchó cuando el mandatario se dirigió a la audiencia:

Lo que firmamos hoy es la declaración del pueblo colombiano ante el mundo de que nos cansamos de la guerra, de que no aceptamos la violencia como modelo para defender las ideas, que decimos ¡NO MÁS GUERRA!

A su turno, el líder de las FARC se dirigió al público y conmovió a los asistentes con sus palabras:

En nombre de las FARC-EP pido sinceramente perdón a todas las víctimas del conflicto, por todo el dolor que hayamos podido causar en esta guerra.

De pronto, un rugido sobre su cabeza hizo estremecer al líder fariano. En un acto reflejo se agachó, pero al instante dirigió la vista hacia arriba y vio los aviones de combate que sobrevolaban sobre los cielos de Cartagena para celebrar el gran evento. El estrépito hizo temblar a más de un asistente habituado a asociar estos sonidos con la guerra. El gran susto se disipó minutos después cuando se dieron cuenta de que los aviones caza venían a saludar la paz, no a descargar sus bombas de guerra.

Sin embargo, yo sentí el rugido de las aeronaves como una premonición. La esquiva paz que acababa de sellarse no era de fácil aceptación por muchas facciones que preferían la guerra. El mandatario había anunciado que buscaría el consenso de todo el país con un plebiscito programado para una semana después de la firma. Los que abanderaban el desacuerdo habían lanzado una campaña de NO fulminante que amenazaba con nubarrones negros la anhelada paz.

Mientras tanto, la sesión llegaba a su fin con el Himno a la Alegría entonado por todos los asistentes. Gritos de ¡No Más Guerra! se levantaban desde las graderías. ¡No más odio! ¡No más muertes! ¡Viva la Paz! La gigantesca bandera se perfilaba con un aura protectora bajo el cielo esplendoroso en esa tarde memorable de Cartagena de Indias. Los ecos de las últimas palabras del presidente aún resonaban en el ambiente: *Prefiero una paz imperfecta que una guerra perpetua.*

Una semana más tarde se celebró el anunciado plebiscito. Yo me encontré con los compañeros de la universidad para escuchar el resultado, que se esperaba positivo, en una cafetería de la Plaza Caicedo. Pedimos unas cervezas y Jairo anunció entusiasmado que este sería un día aún más inolvidable que la firma de paz en Cartagena.

Afuera caía un aguacero despiadado. Ese día se había presentado una tormenta tropical en las Costas del Caribe. Muchas poblaciones estaban bajo la amenaza de inundaciones y deslizamientos. Para mucha gente había sido imposible movilizarse a los sitios de votación, pues la mayoría de los puestos electorales quedaban en sitios apartados y de difícil acceso. Como un aviso del más allá, este temporal beneficiaba a los de la campaña del NO.

Los del No apelaban a sofismas retorcidos como el Castrochavismo, según el cual el país caería en un modelo político igual al de la nación vecina. Fue tan vehemente la estrategia publicitaria y tan persuasivos los mensajes que circularon por las redes sociales, que la población de las ciudades se dejó influir y cayó en su trampa. El miedo a caer en un modelo socialista fue tan efectivo en la población fácilmente manipulable, que generó un sentimiento anti paz como no se había visto nunca.

Las organizaciones de paz intentaban infructuosamente combatir los mensajes falaces. Le recordaban a la gente cuánto tiempo el país se había doblegado ante los actores violentos y ponían de presente que los más afectados eran los pobladores de las zonas rurales. Todas las regiones afectadas por la violencia extrema estaban de acuerdo con la paz. Los de las ciudades, en una gran mayoría desconocedores de lo que sucedía más allá de sus conjuntos cerrados y de sus burbujas de inconciencia, apoyaban el NO.

Mientras esperábamos el resultado consultando los celulares y mirando de vez en cuando la televisión al fondo del salón, Jairo promulgó: "¡No podrán robarnos la paz!" Yo anhelaba sentir esa convicción, pero mis incertidumbres eran más poderosas.

Jairo chequeaba los resultados en el aparato y empezaba a crecer la zozobra. Las cifras del NO tomaban ventaja cada vez más.

—¿Cómo alguien puede preferir la guerra? —Clamaba Jairo—. Eso es imposible.

—Hay muchos a los que les conviene la guerra –me atreví a contradecir—. Lo hemos visto en nuestros programas. En cada lugar donde se intenta construir espacios de paz irrumpe el actor armado dispuesto a destruir y a arrasar. Son muchos los que viven de la guerra, amparados por las autoridades y los políticos de cuello blanco. Son los que promueven los cultivos ilícitos, la minería ilegal y el despojo de tierras que se usan para esos fines. A ellos no les conviene la paz. Tendrían que desalojar los territorios ocupados y largarse con su negocio para otra parte.

Óscar agregó:

—De acuerdo. Es muy fácil ocultar los verdaderos motivos para rechazar la paz bajo discursos falaces de Castrochavismo y para amparar maniobras retorcidas bajo el lema: Patria, Familia y Sociedad.

En medio de esa discusión se hizo un grave silencio. Jairo había recibido un mensaje en su chat. Eran las 6:30 de la tarde de ese lunes 2 de octubre del 2016.

"¡Ganó el No!", dijo con voz trémula, apenas perceptible. Luego repitió más alto, "¡Ganó el No!" Y al final declaró en un tono que se escuchó en todo el salón: "¡GANÓ EL NO!"

Quedamos pasmados. La primera reacción fue de incredulidad. Nos miramos unos a otros asombrados, como reconociéndonos. Volví a sentir el estrépito de los aviones Caza que surcaban el cielo anunciando la guerra. El Himno a la alegría que habíamos entonado con tanto entusiasmo en Cartagena desafinaba en mis oídos. Era como si una punzada se clavara en el centro del tricolor que ahora caía una vez más de su mástil ensangrentado.

¡No puede ser!, explotamos en un coro que provenía de todas las mesas vecinas y se unía en un solo clamor. ¡Esto no puede ser, debe ser una equivocación!

Yo revisaba el celular y veía los mensajes del chat que saltaban uno tras otro:

ganó el no, ganó el no, ganó el no.

En la televisión del fondo del salón se veían los simpatizantes del partido ganador vociferando arengas de triunfo y ondeando banderas alrededor de su líder. Este esbozaba una malévola sonrisa de triunfo. De sus ojos saltaban chispas tras sus lentes redondos, rostro almibarado y peinado de niño bueno. La patria se sometía a sus designios una vez más. Paso seguido transmitían los resultados que reafirmaban la derrota contundente del gobierno de la paz. El plebiscito convocado por el presidente como un acto de confianza para afianzar la paz con el consenso de los ciudadanos, había perdido. Confirmaba un mensaje aterrador: los colombianos prefieren la guerra a la paz.

Las palabras admonitorias de nuestro Nobel se convertían en una realidad pasmosa: *los pueblos condenados no merecen una segunda oportunidad sobre la tierra.*

ESTATUAS DERRIBADAS

Las estatuas de los colonizadores son la expresión del racismo, la discriminación y la violencia estructural en contra de los pueblos indígenas.

Óscar Montero, líder kankuamo

Primero fue una estocada que le llegó certera a un ojo. Luego sintió gritos y pedradas que lo atacaban desde varios costados. Sin embargo, no se movió, ni tan siquiera miró a sus asaltantes. Percibió que lo ataban con sogas enormes de cada uno de sus brazos, el cuello y la cintura. La espada que con tanta solemnidad apoyaba bajo su mano derecha de nada le sirvió. No pudo levantarla. Tampoco lo protegía la armadura de bronce que cubría su pecho y sus espaldas ni el brazo que señalaba hacia el Oeste, con el que podría atestar un golpe a sus agresores, pero este se quedó impávido, señalando siempre a un punto desconocido. Su enorme mole se balanceaba, mientras que la pierna que se doblaba hacia delante en actitud de poderío intentaba aferrarse al pedestal. El Escudo de armas que lucía sobre su pecho con gran orgullo tampoco le brindó ninguna utilidad. En forma metódica fue cayendo y desprendiéndose de su base en sucesivos bamboleos hasta que se derrumbó estrepitosamente sobre el valle.

¡Qué humillación para un héroe que había sobrevivido a tantas penurias y batallas! Por casi un siglo se mantuvo erecto sobre la montaña que rodea el Valle en la ciudad que había fundado. Su figura heroica era considerada un emblema por su soberbia y gallardía. Desde todos los costados de la región era considerado el centro de atención. A su alrededor se celebraban las fiestas patrias y las efemérides nacionales. Los domingos y días de fiesta las familias traían sus picnics y comían sentados a su alrededor. Le tomaban fotos y hasta le dejaban velitas e insignias como si fuera un santo. Claro que también recibía de vez en cuando la cagada de las palomas y los aguaceros despiadados del trópico. Su altivez se reflejaba en la mirada fija en un punto lejano en el horizonte, el mismo que señalaba con el dedo índice de su brazo extendido.

Cuando cayó al piso no sintió dolor, apenas el bullicio a su alrededor. Observó a los dos grupos que se arremolinaban entre gritos y algarabía. Unos vestían colores brillantes azules y negros. Las mujeres llevaban sombreros y faldas anchas con una capa roja. Hablaban en un idioma desconocido. Otro grupo con atuendos verde oliva y cascos verde biche se enfrentaban a los primeros. Portaban armas y venían en motocicletas. Uno que parecía líder de los agresores subió al pedestal recién desocupado y dijo:

El genocidio de los pueblos indígenas no ha terminado. Por eso hoy pedimos justicia ante el gobierno por la reivindicación de los derechos de los pueblos nativos.

La algarabía lo ofuscó. Unos clamaban, otros gritaban enfurecidos: "Es el patrimonio de nuestra historia. ¡Cómo se atreven!" Se oyeron sirenas de policía. Lo deslumbraron los flashes de las cámaras y los reporteros que se apresuraban a difundir el gran evento.

El héroe caído intentó apartar sus pensamientos de la confusión y se sumió en sus memorias. Había llegado a las costas del Darién acompañando a Pedrarias Dávila en 1514. Pleno de ambiciones y codicia, se dedicó a recorrer las costas del Pacífico en busca de riquezas y gloria. En el camino se encontró con Francisco Pizarro y Diego de Almagro. Con ellos se dirigió al sur en busca de la leyenda de maravillas de la civilización Inca. A medida que avanzaban, liquidaban etnias enteras por medio de torturas, incendios y vejámenes impensables. Cuando llegó a la región que llamaban Perú, Pizarro se quedó con la gloria de los Incas cuando venció a Atahualpa con una traición inmisericorde. Primero hizo que le llenara salones enteros de oro bajo la promesa de su liberación y la de su pueblo. Al cumplir con su pedido, Pizarro lo mató por negarse a convertirse al cristianismo. Nuestro héroe no se desanimó al ver que Pizarro se quedaba con el más preciado botín. Se unió a las huestes de Diego de Almagro y atravesó el infierno: el desierto de Atacama, donde murieron hombres, animales y perdieron hasta las ganas de vivir. Allí también se enfrentaron a grupos humanos más feroces y resistentes que los que habían conocido en el norte: los araucanos y mapuches. Sin embargo, sus armas letales pudieron contra ellos y Diego de Almagro se coronó como el fundador de Chile junto con Pedro de Valdivia.

Ahora el héroe siente que lo transportan por el suelo. Lo arrastran enfundado en una manta, pero eso no le impide escuchar lo que hablan sus captores. Unos dicen que así acaban los genocidas, otros declaran que nada les impedirá derrumbar otros héroes payasos que continúan perpetuando una historia de racismo y colonización. Se enteró de que una réplica de sí mismo había sido derribada en el Morro de Tulcán de Popayán. "Qué pena –se dijo– en esa por lo menos andaba a caballo".

La campaña de Chile lo había dejado muy amargado. No logró ninguna conquista que le perteneciera. Entonces, retornó por las costas del Pacífico hacia la zona septentrional de América del sur. Allí, entre masacres de indígenas y asaltos sin medida, fundó Guayaquil en la costa y en el interior, las ciudades de Pasto, Popayán, Neiva y Santiago de Cali. Estos eran pequeños fundos que no se comparaban con las grandes conquistas de sus colegas del sur. Se tuvo que contentar con que la corona española le otorgara los títulos que lo hacían pasar a la historia como el fundador, dueño y señor de estas tierras fértiles llenas de vegetación y riquezas naturales. En nada parecidas a las planicies áridas y rocosas de su natal Córdoba. En 1541 quiso sumarse a la fundación de una ciudad más grande y poderosa al lado de Francisco Jiménez de Quesada, otro de sus colegas enviado por la Corona. Francisco se daba grandes humos por ser un hombre de leyes ilustrado. Este no le permitió ser sino un agregado en los libros de historia a la ceremonia que dio por fundada la ciudad de Santafé de Bogotá en una sabana sobre las cumbres andinas a más de dos mil metros de altura. Los chibchas y muiscas que ocupaban originalmente a Bacatá fueron liquidados, como ocurría en cada ciudad que la corona española les autorizaba a fundar con el filo de la espada y el fuego de la cruz.

Sus pensamientos fueron interrumpidos al escuchar un diálogo entre sus captores:

—En todas las ciudades se están derribando los monumentos. Hasta en el país del norte han embestido contra los generales confederados esclavistas y opresores. A uno que llaman general Lee lo descabezaron en varias ciudades.

—También se han enardecido con el pobre Cristóbal Colón. Solo que allá lo llaman *Christopher Columbus.* Al descubridor lo siguen derrumbando en cada sitio donde ostentaba su otrora poderío. En varias partes lo han decapitado.

—Pobre descubridor —se dijo nuestro héroe—. No le fue bien ni vivo ni muerto. Ni siquiera se enteró en vida que había encontrado un continente entero.

Continuó escuchando lo que decían los hombres que lo arrastraban:

—En el sur y en el norte estas moles no nos representan, ni a nuestra historia, ni a nuestra cultura. Son invasores que entraron sin permiso en una tierra que no les pertenecía, despojaron a sangre y fuego, aniquilando toda una civilización, al punto de que no tenemos conciencia real de quienes fueron nuestros verdaderos antecesores.

El héroe se sintió derrumbado y aceptó su derrota. Se dejó arrastrar con su brazo siempre apuntando a algún sitio. Se encontró sin espada y sin coraza; ni siquiera el escudo de la ciudad. La humillación fue mayor cuando se sintió arrojado a un basurero de chatarra. Los hombres y mujeres vestidos de azul y negro lo dejaron ahí, desmadejado y sin fuerzas. Antes de partir, alguien intentó arrancarle la mano o doblarle el índice. Fue en vano. Desde lo lejos su dedo extendido se asoma entre el basural como tratando de aferrarse a una gloria que ya no lo representa, a una ciudad que dejó de pertenecerle y a un heroísmo que nunca fue real.

Sin embargo, lo que más recuerdo es el día de la toma del Palacio de Justicia. Fue esta la encrucijada que la historia del país se rompió en dos. El evento que marcaría el recrudecimiento de la violencia que ha azotado al país durante las siguientes tres décadas.

VII
JULIO GARZÓN

EL PAÍS QUE DOLIÓ Y SIGUE DOLIENDO

Mis primeros años los viví en la ciudad de Ibagué. Según mi abuela nací en Cali y me trasladaron a la "ciudad musical", registrándome como oriundo de ese lugar. Mi padre nunca explicó esa circunstancia, incluso cuando lo confronté. Dije padre y abuela, pero eso es otra circunstancia. En realidad, fui adoptado. Mi abuelastra apenas insinuó esa verdad un par de veces, tal vez para que yo mismo la indagara. Un origen sumido en la niebla de los años y la indiferencia de los adultos. Eran esos, tiempos en que los odios políticos y los atavismos religiosos prohibían a las mujeres relacionarse con alguien de filiación política contraria y ser madre soltera era pecaminoso e imperdonable. Tal vez eso explique mi adopción, pero la verdad se mantuvo en el misterio. Nunca vi a mis verdaderos padres, ni a mis hermanos.

Mi madrastra adoptiva huyó pronto del abuso doméstico de mi padrastro, sin dejar huella. Crecí en el rancho improvisado de una invasión, donde presencié amedrentado las palizas de los carabineros a sus obstinados constructores que las levantaban de nuevo cuando ellos se iban. La necesidad "tiene cara de perro", les oía decir. Tuve varias madres advenedizas que iban y venían, pero mi abuelastra fue la verdadera figura materna hasta que pudo. Recibí de ella los valores y la fuerza de vivir. Tímido y con déficit de atención y sobrepeso, sufrí el acoso escolar y empecé a refugiarme en mis primeras lecturas. Algún maestro me recomendó leer historietas ilustradas y así fui un ávido lector del Llanero Solitario y de Batman. Ya en el bachillerato, me inicié en la obra de Pombo, Lorca, Neruda, Martí, Silva y otros.

Las vivencias de esos años escolares han ido plasmándose en mis cuentos y poemas porque, sin estar en una zona de conflicto, viví muy de cerca el daño colateral de la guerra. Mi padrastro, un liberal gaitanista y su familia, eran desplazados de la llamada violencia liberal conservadora. El grupo familiar se desintegró y todos huyeron a diversos lugares. Me contaba cómo unos amigos del partido contrario le aconsejaron que se desapareciera porque su nombre figuraba en una lista negra para ser asesinado. Se mantuvo firme y aunque escapó ileso, comprobó una madrugada que la amenaza iba en serio. Fue él, el primero en hablarme de Jorge Eliecer Gaitán. Muchos años después, en Nueva York, un tío de mi esposa me contó en su lecho de muerte y con lujo de detalles sus memorias de la defensa del palacio de Nariño aquel 9 de abril de 1948. Fue miembro de la guardia presidencial, pero nunca habló del asunto. Su confidencia dio origen a la historia que titulé *El batallón 37*. *Venancia*, otro de mis relatos, era en realidad la loca del barrio. Perdió la razón después de que hombres armados llegaron a su finca en las montañas del Tolima y tras violar a sus hijas, asesinaron a su familia. Sobrevivió porque la creyeron muerta. Yo visitaba a menudo el batallón del ejército cercano a mi casa para llevarle el almuerzo al oficial de turno, hermano de mi mejor amigo en la escuela.

Así pude ver que los muertos de esa violencia eran reales: familias enteras masacradas, que cada mañana traían los helicópteros del ejército. Solo se ocupaban de recoger los cadáveres.

Mi activa participación en los centros literarios de la secundaria fue acercándome al camino de la literatura. Ayudaba a escribir sus poemas enamorados a mis compañeros o les dibujaba sus esquelas románticas. Llegó el día en que mi padrastro me obligó a viajar a Pereira. Él se oponía a que siguiera estudiando, pero en contra de su voluntad me matriculé en el colegio nacional Deogracias Cardona. Yo deseaba ir a la universidad. Cuando él quiso regresarse, un año después, me negué a seguirlo y nuestros caminos tomaron rumbos diferentes. Busqué un trabajo y pasé a la escuela nocturna que no pude terminar. Me establecí en Pereira donde más tarde formé una familia y asumí el reto de una nueva vida.

Bajo el influjo de la revolución cubana, las protestas de mayo del 68 en París, la guerra de Vietnam, el triunfo de la Unidad Popular chilena, la teología de la liberación, los sesenta a los ochenta fueron años de rebeldía estudiantil y juvenil. Del centro de reflexión del cura, al grupo de teatro y el consejo estudiantil, pasé al activismo político en pro de la paz y el progreso, esperanzado como millones de compatriotas en una sociedad mejor. Entre tanto, escribía artículos y poemas. Algunos fueron publicados o compartidos con amigos y maestros, la mayoría terminaron en las carpetas y cuadernos del olvido.

En el clima excitado de esos años se agitaban en el ambiente las reivindicaciones populares y los activismos de todos los matices, pero también las señales nefastas de una nueva realidad marcada por el paramilitarismo, la represión oficial, narcotráfico, sicariato, ejércitos guerrilleros y bandas criminales organizadas. Comenzaron los asesinatos, desapariciones, torturas y masacres de líderes sindicales y sociales, académicos, periodistas, sacerdotes y estudiantes. El profe Thomas, cuya historia también escribí, era graduado en historia. Nos enseñaba con un criterio analítico y crítico el pasado y presente de la nación. Finalmente lo pagaría con su vida, en la nueva espiral de violencia que se desató después de los setenta.

Aunque siempre apoyé la lucha y las ideas de cambio social, el futuro se ensombrecía. No era ya ese el país de mi infancia, mis luchas y sueños. Ciertamente no prometía el futuro deseado para mis hijos. A mediados de los ochenta trabajaba en el diario La Tarde de Pereira y las amenazas a periodistas estaban a la orden del día en todo el país, desde todos los flancos. Mi esposa y yo decidimos ir a México y cruzar el desierto por Tijuana, para ingresar a Estados Unidos. Con el mayor de nuestros hijos yo, con el menor ella. Lo hicimos con un intervalo de seis meses. Y así empezamos una nueva vida en un país totalmente extraño y ajeno a nuestras preocupaciones, animados por la esperanza de un pronto regreso que nunca ocurrió.

Hubo que trabajar duro en medio del desarraigo, soslayando la incertidumbre, el aislamiento y el choque con una cultura no solo indiferente, sino hostil; terminar de criar a los hijos, aprender inglés, obtener la residencia e intentar una carrera. Yo no tenía ninguna y empecé validando mi bachillerato. Cuando terminé mi licenciatura en educación inicié la maestría en arte en el Queens College de Nueva York y mi trabajo como maestro para la misma ciudad. Escribía poco y publicaba menos, pero no dejé nunca el amor por la escritura, hasta que ya próximo al retiro, me involucré más activamente con ella. Mi trabajo aparece disperso en periódicos y revistas literarias impresas y digitales. Cuentos y poesías hacen parte de siete antologías publicadas en Estados Unidos, Colombia y Argentina y en el 2019 publiqué el libro de cuentos y relatos cortos titulado *El último éxodo*, donde además de la memoria histórica de la patria que me duele, incluyo historias acerca de la experiencia de los inmigrantes latinoamericanos en Estados Unidos y sobre el medio ambiente. Actualmente preparo un poemario a ser publicado antes de fin de año.

    Aunque hoy soplan aires de renovación y reconciliación en la patria que dejamos años atrás, las raíces echadas en nuestra travesía migratoria nos han anclado por razones familiares a una permanencia sin retorno, a una condición de desplazados permanentes, muy a pesar de los sueños rotos y las nostalgias que callamos.

EL BATALLÓN 37

Unas horas después del asesinato el centro de la capital ardía en llamas. La lluvia torrencial no apagó los fuegos y menos la rabia de la turba enfurecida. Otras ciudades del interior se sumaron a la revuelta. No era una guerra, o tal vez... sí, porque ese 9 de abril de 1948 conocido como «El Bogotazo», la capital maquillada con palacios restaurados, avenidas ampliadas y banderas multicolores celebrando la IX Conferencia Interamericana; terminó pareciéndose a una ciudad bombardeada. El país no volvería a ser el mismo y el tío, tampoco.

Ese día él fue acuartelado en primer grado. Hoy ya no recuerdo cómo llegamos a este asunto en el curso de una conversación. El tío Alberto, un viejo caficultor trajinado y curtido en el correr de los años, había tenido un día tranquilo y animado. Lo recuerdo sentado en la cama, su espalda apoyada sobre un almohadón. Tenía la expresión serena, la voz pausada y las dos manos cruzadas sobre las piernas cubiertas con dos grandes frazadas. El Alzheimer había cedido un poco y conversó con la claridad de otros días. Su memoria lejana estaba intacta, aunque olvidaba los hechos recientes. Siempre tuvo algo que contar, pero me sorprendió esa tarde porque nunca había hablado de su paso por el Batallón Guardia Presidencial y su participación en la defensa del Palacio de Nariño aquel día terrible, cuando toda la nación se dejó arrastrar al abismo oscuro de una guerra no avisada.

Por la ventana del *nursery home*, un centro de reposo para pacientes terminales, la nieve intermitente de un gélido invierno en Queens, Nueva York, le hizo añorar los días soleados que vivió en su finca de la zona cafetera, en Risaralda, Colombia. Recordó sus primeros años, sus viejos, la escuela, la siembra y cosecha del café, el primer amor y el duelo mortal con un rival, que terminó cuando él desenvainó velozmente su machete, en defensa propia. Su huida fue el camino al servicio militar y por ahí se abrió la puerta de ingreso a la guardia presidencial.

Ahora, al borde de los noventa, lamentaba el día triste, cuando después de servir a la nación y tras arduos años de trabajo en el cultivo y negocio del café, tuvo que abandonar su finca y un país sumido en la encrucijada de viejas y nuevas violencias políticas, narcotráfico, guerrillas, paramilitarismo y bandas criminales.

«Tanto joderse uno...y ahora míreme aquí», empezó a decir, atormentado por la muerte reciente de su esposa y cansado de recibir amenazas y pagar extorsiones llamadas irónicamente vacunas, por los grupos armados. Su última alternativa fue emigrar a Estados Unidos.

Nadie supo con certeza cuántos fueron los muertos y heridos en las ciudades destruidas y el costo de los daños en la revuelta de esos días aciagos, en los cuales reinaron el rencor, la rabia y la barbarie. Los diarios llamaron a ese día «El Bogotazo». Jamás, en su larga historia de violencias y desencuentros, conoció la nación una debacle de tales proporciones, la confrontación directa entre un estado indiferente y un pueblo herido en su fibra más honda que reclamaba justicia por el asesinato del hombre que representaba su única esperanza y quien le había dicho: «Yo no soy un hombre, soy un pueblo». Todo el mundo, incluido el Gobierno americano, sabía con certeza que aquel «indio», como le llamaban despreciativamente sus adversarios, gozaba del apoyo popular y sería el candidato ganador en las siguientes elecciones.

La fotografía de Gaitán en blanco y negro, al lado de una colorida litografía del Sagrado Corazón de Jesús, parecía querer emparentar lo terrenal y lo divino, compartiendo el devoto tributo de la veneración popular en los hogares de millones de seguidores. En esa foto aparece un hombre pulcro de mirada directa y apacible. El mismo que la historia oficial suele presentar, simplistamente, como un populista radical de discursos incendiarios, ignorando su exitosa carrera de abogado, ministro de trabajo y educación, magistrado y alcalde.

Gaitán proponía una revolución legal dentro de los marcos constitucionales en un programa que se comprometía con los más necesitados. Su trayectoria, sumada al contundente poder de su palabra, su compromiso y su origen ligado a los humildes de la tierra y las ciudades, causaron la preocupación de los sectores más conservadores de la sociedad, incluido el clero, que temían perder sus privilegios y aborrecían su plataforma de cambios. Los americanos compartían la misma percepción a juzgar por sus propias palabras: «Vemos sus triunfos políticos con considerable aprehensión. Quienes lo conocen aseguran que él no quiere a Estados Unidos»[1].

---

[1] John C. Wiley, embajador de Estados Unidos en Colombia. Del informe sobre el candidato presidencial Gaitán, enviado al Gobierno americano el 16 de mayo de 1946.

A sus enemigos solo les quedaba el recurso final del soborno o la eliminación física del candidato. No vacilaron en intentar ambos. Al fallar el primero, tramaron el crimen, concebido como la acción de un asesino solitario y resentido. Un plan de impecable diseño al mejor estilo de la CIA, que el agente John Mepples Espirito, o Georgio Ricco, uno de sus ejecutores, confesaría públicamente años más tarde. La víctima es señalada arteramente por un colaborador cercano que le toma del brazo, al salir de su oficina y se separa maliciosamente cuando aparece el pistolero. Este, un pobre diablo, es perseguido por los transeúntes, y protegido por policías se refugia en una droguería después de disparar.

Juan Roa sierra, el presunto asesino, terminará linchado por la turba después de que un segundo hombre impecablemente vestido y con pinta de forastero, aprovecha la confusión reinante llamando a la multitud a atraparlo. Se elimina así la principal evidencia y el misterioso sujeto desaparece en seguida, en un extraño auto que lo recoge y en el que se aleja sin dejar rastro[2].

[2] La versión de un segundo hombre en el lugar del asesinato de Gaitán es revelada por García Márquez en su libro *Vivir para contarla,* Alcaldía Mayor de Bogotá, 2004. P. 19, 20 y 24.

19-20: «Un hombre alto y muy dueño de sí, con un traje gris impecable como para una boda, las incitaba con gritos bien calculados».

24: «Cincuenta años después, mi memoria sigue fija en la imagen del hombre que parecía instigar al gentío frente a la farmacia... Lo había visto muy de cerca, con un vestido de gran clase, una piel de alabastro y un control milimétrico de sus actos. Tanto me llamó la atención que seguí pendiente de él hasta que lo recogieron en un automóvil demasiado nuevo...».

Finalmente, un pretendido «diálogo» entre gobierno y oposición para «conjurar la crisis» se dilata impecablemente para dar tiempo a la llegada de refuerzos. Los tanques tendrían la última palabra.

Aprovechando el clima imperante de la guerra fría, avivado por la Conferencia Interamericana, se desvía la atención culpando a la entonces llamada Unión Soviética. La impunidad total cerraría con broche de sangre el episodio. Minutos después de los disparos mortales, la capital empezó a llenarse de espanto y muerte. La ira colectiva se tornó rápidamente en una fuerza ciclónica, cargada de insultos y consignas contra el gobierno en medio del resplandor de incendios, disparos y lamentos de heridos.

El gobierno ordenó controlar la revuelta a sangre y fuego. Ni el tío ni los demás hombres del Batallón de Infantería número 37, apostados a ras del suelo en las inmediaciones del palacio, tenían alternativa distinta a la de cumplir esas órdenes. El tío recordó cabizbajo: «La gente caía y mientras unos caían, otros llegaban. Mis compañeros y yo solo disparábamos. No supimos cuántas veces se repitió la orden. Solo disparábamos». Decenas de cuerpos en la primera andanada de disparos. Enseguida otra descarga y después otra...y otra. Más lamentos y más muertos, en aquel caos preñado de dolor y de rabia.

El pueblo iracundo no se había levantado para huir al primer disparo, por eso, se replegaba y regresaba. Estaba ahí para avanzar o morir en el empeño. Los tanques del ejército enviados a reforzar la defensa del palacio avanzaron pacíficamente por las calles atestadas de insurrectos. La gente les abrió paso. Pensó que llegaban para apoyar la revuelta, como lo hizo un sector rebelde de la policía, al repartir algunas armas entre los amotinados. Una vez en posición, giraron sus cañones y el tableteo de artillería de las M-13, fue la única explicación y la última respuesta escuchada aquel día.

Pregunté si los alzados tenían armas de fuego. El tío calló sin levantar la mirada, como si lo reviviera todo en su interior. Tras una larga pausa agregó con un gesto mezcla de suspiro y risa: «Muy pocos tenían esos fusiles que les entregó la policía. Algunos blandían viejas escopetas y pistolas, machetes, o herramientas caseras. La mayoría estaban desarmados y desorganizados. Solo gritaban, avanzaban y caían, se retiraban y volvían». Hizo otra pausa y agregó: «¡Tantos muertos para nada... por ese país de mierda!». Fue la única vez que habló de los sucesos del nueve de abril.

Solo aquel día pude entender por qué nunca mencionó aquella medalla que le fue conferida por su «lealtad, servicio distinguido y conducta intachable». No la exhibió, no la colgó orgullosamente en la pared o en una vitrina, como acostumbran los veteranos de guerra. La guardó por décadas, como quien esconde una vieja culpa. Aunque siempre deseó morirse en su tierra, ya no pudo regresar a ella y tampoco a su apartamento en Queens.

El tío murió en el *nursery home*, cuando empezaban los calores de julio. Aunque estaba consciente de que aquella trágica tarde de abril no solo cambió su vida, sino la de toda una nación, él nunca sospechó que el magnicidio de El Bogotazo estremecería nuevamente la memoria colectiva. Años después se revelaría públicamente, por boca del agente John Mepples, operativo de la Agencia Central de Inteligencia, la existencia del «Plan Pantomima».

El tío y sus compañeros de armas cumplieron aquel día, fieles al lema de su batallón: «En defensa del honor, hasta la muerte». Sin proponérselo, también ellos fueron actores en el reparto de ese oscuro montaje urdido magistralmente como una pieza teatral. El telón cayó, esta vez sin un solo aplauso.

VENANCIA

En aquel tiempo, el pueblo al pie de la cordillera era apenas un conglomerado de barrios y caseríos en desarrollo. Luchaba por acostumbrarse al título de ciudad, conferido por los políticos de turno. Lo atravesaba, de lado a lado, un río inofensivo y rocoso en el verano, pero creciente y torrencial en la época de lluvias, con una vieja historia de desbordamientos y muertes. Los habitantes, en su gran mayoría campesinos e indígenas, víctimas y desplazados de la violencia partidista de varias décadas, habían encontrado ahí no solo un refugio para sus familias, sino alguna nueva forma de vida, lejos de la guerra.

Algún tiempo después de los grandes desplazamientos forzados de campesinos de fines de los años cincuenta, empezaron a llegar unos seres inesperados y desconocidos de apariencia escuálida y maltrecha. Despertaron comentarios de toda índole, en las esquinas y tras las ventanas llenas de miradas curiosas. Las opiniones variaban entre la compasión, el miedo o el rechazo. Había en esos rostros marchitos miradas extraviadas y expresiones ausentes. Nadie quería contacto directo con aquella gente errabunda, salida de la nada que, con frecuencia, empezó a inundar desde la madrugada y como por arte de magia, las calles pedregosas y polvorientas del pueblo.

Al comienzo se pensó en una nueva oleada de desplazados y luego se los relacionó con la tribu de gitanos que en otros tiempos anduvo por esos lugares. Esas conjeturas se descartaron al observar detenidamente la silenciosa presencia de estos forasteros famélicos, que en nada se comparaba con la algarabía y colorido zahoríes. Tomaría algún tiempo a los vecinos descubrir la verdadera procedencia de aquellos visitantes fantasmagóricos del amanecer, que semejaban vaporosas apariciones en medio de la niebla matinal.

De Venancia solo se supo que debió llegar con esos locos indigentes, en una de sus periódicas migraciones. Nadie sospechó que se instalaría en las ruinas de un viejo rancho olvidado, en las afueras del pueblo, cerca al río. El rostro lleno de viejas cicatrices y heridas aún sangrantes, los cabellos grises, revueltos y sucios y la boca desdentada, revelaban una vejez prematura y atormentada. Los brazos flácidos y deformados mostraban enormes y feas huellas de costuras quirúrgicas ejecutadas de emergencia, sin la menor intención cosmética, y terminaban en unas manos reumáticas y arrugadas de varios dedos amputados. Cojeaba de una pierna, lo cual no le impedía desplazarse con cierta rapidez cuando era necesario.

Muy pronto los vecinos la conocieron por sus explosiones de ira destructiva, sus desvaríos y soliloquios que alternaban entre la demencia y la cordura o la bondad maternal y un llanto desbordado. Aunque la gente relacionaba sus accesos de locura con la luna llena en largas noches cargadas de presagios, la verdad era que los muchachos del vecindario encendían casi siempre la chispa de su rabia incontenible. Se regocijaban en insultarla, burlarse y apedrearla, sin el menor asomo de compasión; su asedio cruel no cesaba, pese a las amonestaciones compasivas de uno que otro vecino.

Venancia, que nunca agredía a nadie sin ser provocada, se transformaba entonces en un furibundo torbellino de maldiciones, arremetiendo a piedra y garrote contra todo lo que se movía a su alrededor. Mientras los estudiantes escapaban y los vecinos corrían a buscar refugio, los tejados y ventanas de vidrio caían en añicos bajo su andanada de piedras. Venancia era, sin embargo, un ser apacible y maternal en sus instantes tranquilos. Durante sus monólogos, sentada a la sombra de los gualandayes del parque, su mente atormentada transitaba por los recuerdos felices de su vida y las desgracias de la violencia que la marcaron para siempre, arrancándola de su entorno familiar. Algunas veces, en esos momentos de serenidad y lucidez se la escuchaba, a prudente distancia, recordar entre sollozos y suspiros los aciagos sucesos vividos en Río Blanco, allá en lo alto de la Cordillera Central.

Fue así como se supo que hubo un tiempo en el pasado de Venancia, cuando su vida humilde fluía al ritmo de las labores de labranza en la huerta familiar, el cuidado de un par de vacas, unos cerdos y unas cuantas gallinas, que ella recordaba con cariño. También hubo una familia y unos hijos, que por años le dieron razón y sentido a su vida. Cuando la sombra ominosa de la violencia partidista se posó sobre su parcela, Venancia, que solo sabía del trabajo honrado y del esfuerzo tesonero de muchas generaciones, estaba lejos de entender las diferencias entre partidos y militancias de cualquier color. Ni siquiera pudo comprenderlo aquella terrible noche cuando llegaron los bandidos cubiertos por ruanas que escondían sus fusiles Máuser, borrachos y vociferando insultos y amenazas.

Vestían ropas oscuras y sombreros de ala ancha que ocultaban sus rostros. La gente les llamaba «pájaros», quizás por su siniestro parecido con los buitres. Ahora, en su fatídica lista negra, entre otras familias, le tocaba el turno a los de Venancia. Se les había asociado con los del partido contrario y eso no tenía perdón.

Después de violarla a ella y a sus dos hijas, en presencia de su esposo e hijos varones, amarrados y encañonados, la familia entera fue masacrada a machete y rematada con disparos de fusil, incendiado el rancho y sacrificados los animales. Por eso, en sus momentos de cordura Venancia clamaba al cielo por una justicia divina que no había llegado todavía para ella, amén de haberle permitido sobrevivir, aunque solo fuese para arrastrar su desgracia por vecindarios inhóspitos, caminos polvorientos y pueblos hostiles a su suerte.

Cansados de los destrozos y rabietas de Venancia y la frecuente incursión de tantos dementes llegados de no se sabía dónde, los vecinos de la junta comunal se quejaron ante las autoridades, pidiendo una solución inmediata. Como pudo, un funcionario explicó lo que nadie esperaba oír, aunque para los mayores era un asunto de costumbre local: la aparición periódica de estos locos en el vecindario no era cosa de magia, sino un viejo truco de las autoridades de otros pueblos circundantes que, no hallando mejor solución a la superpoblación de enfermos mentales, decidían exportarlos con sigilo a las puertas de las poblaciones aledañas, en horas de la madrugada. Era un frívolo ardid, una especie de ping-pong de la desgracia ajena, no reconocido oficialmente y que, al ser denunciado, justificaban siempre con la falta de presupuesto local para los gastos del nosocomio, como se le llamaba por esos tiempos al único sanatorio mental.

El pueblo siguió creciendo y las nuevas generaciones, más escépticas, albergaban pocas esperanzas de una paz duradera. La fría estadística de masacres y desapariciones mal contadas de aquella guerra no pudo calcular el sufrimiento y la desgracia de tantas víctimas ignoradas como Venancia.

Ella siempre deambulaba por las calles mendigando algo de comer y, tal vez, alguna muestra de cariño que nadie quiso ofrecerle. Pasado algún tiempo solo unos pocos vieron a la llorona loca antes de regresar las lluvias y crecientes del río donde acostumbraba bañarse. Después, nunca más se supo de su paradero y desde esos días, nadie volvió a llamarse Venancia. Su nombre y su historia quedaron sepultados en el anonimato de millares de relatos que jamás fueron divulgados.

Aún hoy algunos viejos del lugar la recuerdan con algo de compasión o remordimiento y no pocos escudriñan las calles detrás de sus ventanas, murmurando que su alma en pena aún gime y solloza. Algunos aseguran que todavía vaga desconsolada en las noches de plenilunio.

VENANCIA
Tomaría algún tiempo a los vecinos descubrir la verdadera procedencia de aquellos seres ambulantes, visitantes fantasmagóricos del amanecer, que semejaban vaporosas apariciones en medio de la niebla matinal.

EPÍLOGO

¿Por qué el país no se detuvo para exigir a las guerrillas y al Estado parar la guerra política desde temprano y negociar una paz integral? ¿Cuál fue el papel del Estado y las instituciones que no impidieron y más bien promovieron el conflicto armado? ¿Dónde estaba el Congreso, dónde los partidos políticos? ¿Hasta dónde los que tomaron las armas contra el Estado calcularon las consecuencias brutales y macabras de su decisión?

Estas preguntas formuladas en la declaración del Informe de la Comisión para el Esclarecimiento de la Verdad y expresadas por su presidente, Francisco de Roux, son las que increpan a los colombianos sobre el papel que cumplimos en medio del conflicto armado que experimentó el país por más de sesenta años. Son preguntas demoledoras que deben confrontarnos con nuestro propio rol como espectadores y responsables directos o indirectos del horror. ¿Cómo pudimos permitir que esto pasara?

El Informe de la Comisión del Esclarecimiento de la Verdad fue revelado justo al término de la edición de este volumen (julio, 2022). Como una feliz coincidencia, este libro surge en el mismo momento como una contribución de algunos autores colombianos residentes en el exterior a este proceso de memoria, a través de expresiones poéticas y narrativas de nuestra propia vivencia o de experiencias indirectas en la historia del conflicto armado en el país. Estas páginas se constituyen de este modo en testimonio a la construcción de una memoria colectiva que hace posible interrogarnos a nosotros y a los lectores sobre nuestra participación y contribución a esa verdad histórica.

A lo largo de estas páginas los autores escribimos sobre algunos eventos emblemáticos que marcaron la historia del país, tales como la Guerra de los Mil Días, El Bogotazo, la toma del Palacio de Justicia y la firma del Acuerdo de Paz. Al mismo tiempo contamos desde diversas perspectivas relatos de desplazamiento forzado, desapariciones, violencia sexual, como también acciones de resiliencia y de supervivencia de los afectados por el conflicto. Las voces poéticas arengan por una paz necesaria desde una multiplicidad de recursos metafóricos y alegóricos. En su conjunto el compendio hace un llamado a la reconciliación desde todas las vertientes y desde nuestras propias historias personales nos hacemos parte del conjunto de voces que claman por un tránsito hacia una era de esperanza.

No es fortuito que los poetas y narradores de estas páginas escribamos desde el exterior. Aunque todos hemos dejado el país por razones distintas –algunos por asuntos económicos, por oportunidades de estudio, por asilo y por necesidad– todos concurrimos en la visión de Colombia con una mirada de nostalgia y de dolor. La patria que duele es el motivo que nos congrega en estas páginas provenientes de escritos que cada uno guardaba en archivos o que había publicado en colecciones aisladas. La invitación a reunir estas expresiones en torno a una Colombia sufrida nos permitió unirnos en una voz colectiva que desde la distancia piensa, siente y se solidariza con su dolor. La distancia también permite una percepción objetiva y analítica de las realidades que vistas desde la óptica externa hacen posible un acercamiento con una posición crítica.

Con el lanzamiento del Informe de la Comisión de la Verdad, el pueblo colombiano y la comunidad internacional tienen el reto de leer, aprehender y construir sobre la verdad incómoda. Estas páginas son un aporte a este proceso, porque sus historias también descubren, indagan y convocan a explorar y a entender sobre las experiencias dolorosas que hemos vivido los colombianos en las últimas décadas.

¿Qué sigue ahora? El trabajo es sanar y restablecer una convivencia armónica. La tarea también es concientizar a la ciudadanía para que comprenda que todos somos parte de esta verdad amarga que destapa el informe: hemos sido víctimas y victimarios por acción y por omisión al presenciar tantos actos violentos que sucedían a nuestro alrededor sin inmutarnos. Las historias de este libro son también verdades incómodas que, aunque escritas en forma poética y narrativa de ficción, son realidades certeras que hacen parte de nuestra historia común que debemos conjurar y *Nunca Más* repetir.

Elvira Sánchez-Blake

BIOGRAFÍAS DE LOS AUTORES

MICHAEL PALENCIA-ROTH. Girardot, 1946. Ocupa la Cátedra Trowbridge de Estudios Literarios en la Universidad de Illinois. Es profesor emérito de Literatura Comparada y Universal de la Universidad de Illinois. Desde 1997, es Profesor Honorario Vitalicio en la Escuela de Estudios Literarios de la Universidad del Valle, Colombia. Desde 2007, ocupa el puesto de Principal Asesor Internacional, luego Profesor Visitante, del 'Centro de Investigación de la Moralogía' de la Universidad Reitaku en el Japón.

Se crió en Barranquilla y en Cali. Emigró de Colombia en 1962. Después del bachillerato en Florida, recibió becas a la Universidad de Vanderbilt (1964-68: literatura inglesa y filosofía); la Universidad de Colonia en Alemania (1968-69: idiomas y literaturas germánicas); la Universidad de Harvard (1969-74: maestría y doctorado, literatura inglesa, germánica, ibérica, francés, latín). De 1977 a 2007, fue profesor de literatura comparada y universal en la Universidad de Illinois. Asumió el cargo de jefe del Depto. de Literatura Comparada y Universal durante 6 años (1986-1992). Se jubiló en 2007.

Ha publicado monografías (como autor y editor) sobre Gabriel García Márquez, Thomas Mann, James Joyce, la conquista en Hispanoamérica, el holocausto, la literatura comparada, y la teoría de los encuentros entre las culturas. También unos 90 ensayos: artículos de enciclopedia sobre temas latinoamericanos, ensayos sobre la historia de Colombia y su literatura (la época colonial, García Márquez,

Mutis, Cruz Kronfly, Zapata Olivella), la temática del Fausto, la ópera germánica, la literatura inglesa, la antropofagia en el Nuevo Mundo, la colonización del Nuevo Mundo, estudios ambientales, la bomba atómica en Hiroshima, las incursiones inglesas en la India, las relaciones filosóficas entre el Japón y El Occidente. Ha ganado varias prestigiosas becas y premios nacionales.

Ha sido presidente de tres asociaciones: La Sociedad Internacional para el Estudio Comparado de la Civilizaciones (ISCSC), la Asociación de los Departamentos de Literatura Comparada en los Estados Unidos (ADPCL), la Asociación Internacional de Colombianistas. En junio de 1998, recibió la condecoración "Orden al Mérito en el Arte y la Cultura Pedro Morales Pino" (Valle, Colombia).

Email: palencia@illinois.edu

LUIS CARLOS FALLON. Bogotá, 1944. Es considerado también poeta del Tolima. Escritor y académico obtuvo el título de Doctor en Derecho, Ciencias Políticas y Sociales en la Universidad Nacional de Colombia. Se desempeñó como catedrático en su Alma Mater y en otras importantes universidades colombianas.

En el sector público fue Asesor Jurídico de la Alcaldía Mayor de Bogotá y en 1986 Secretario General del Ministerio de Educación Nacional.

En la década de los noventa fue invitado por Tamkang University, Graduate Institute of Latin American Studies en la República de China en Taiwán, (ROC), como profesor visitante, para regentar las cátedras de Política Exterior y Cultura Latinoamericana e Integración Política y Económica de América Latina.

Desde 1991 vive en la Florida donde ha sido profesor en Florida International University (FIU) y Miami Dade College. En 2007 se vinculó a la Universidad de Miami (UM) donde actualmente enseña Español Avanzado y Cultura Latinoamericana.

Obras publicadas: *Canto interior*, *Los días olvidados*, *Mientras mueren las horas*, *Festejos y quebrantos en la egregia Babel*, y recientemente *Vientos cruzados*. Su producción literaria igualmente incluye *El mar territorial colombiano* y *Perspectiva económica y política de América Latina hacia el Siglo XXI*. Contribuciones: Reseñas a las novelas *La baronesa del circo Atayde"* y *El pianista que llegó de Hamburgo* de Jorge Eliecer Pardo, en su obra *Guerra y Literatura*, Universidad del Valle, 2016; al film colombiano *El abrazo de la serpiente* de Ciro Guerra,

Revista Baquiana, Miami, 2016 entre otros trabajos literarios.

Su nombre figura en el Diccionario de Escritores Colombianos de Plaza y Janes (1985), *Quién es quién en la poesía colombiana* de Rogelio Echavarría (1998), y en la *Colección de poetas del Tolima Siglo XX* de Carlos Orlando Pardo, Pijao Editores (2002).

En el año 2018 el "Hispanic Heritage Literature Organization" rindió homenaje a su trayectoria poética y literaria al otorgarle el Primer Premio de la Literatura en el marco de la Tercera Feria Internacional del Libro en Miami, Florida.

Email: poesía.enbabel@gmail.com

JOHN JAIRO PALOMINO LOZANO, Santiago de Cali, 1961. Escultor y poeta radicado en Broward, Florida, USA, desde 2002.

Dirige la Fundación Memoria Cultural, organización creada en 2004 para divulgar las obras de autores y artistas hispanos en los Estados Unidos, mediante la revista impresa Memoria Cultural y la Colección Editorial Autores Hispanos.

Es autor de los poemarios *Memorias del Paraíso* (2006), *Insurrecciones* (2008) y de la antología poética *Clamor,* que recoge su obra escrita entre 2004 y 2014. La Editorial chilena Apostrofe incluyó sus poemas en la antología *Memoria de una isla* (2013).

Es editor de la antología *Estos poetas del milenio* (2016), en colaboración con Eduardo Martínez Malo (compilador), en la que se publican trabajos de más de veinte poetas jóvenes residentes en Cuba, presentada en la Feria del libro de la Habana 2016.

Ha participado en "Encuentro de Escritores Colombianos" en El Centro Cultural Español de Miami, 2004. "Colombia Vive", muestra de arte y literatura en South Beach (2005). "Voces de Nuestra Memoria" en el Inter American Miami Dade College (2006). "Hombres de palabra" Consulado de Colombia en Miami (2007). Encuentro de Poetas del Mundo "Isla en Versos", Cuba 2012. "Festival de Poesía Flores Junto al Mar", Barranquilla Colombia 2013. Feria Hispana Latina de Nueva York 2013. Feria Internacional del Libro de México-FILEM 2015. Feria Internacional del Libro de la Habana 2016, Feria Internacional del Libro Colombia en Miami 2018, "Primera

Feria del Libro de Punta Cana", Republica Dominicana 2019. "Aguachica tiene la Palabra" 2021, Cesar, Colombia. Encuentro Universal de Escritores "Vuelven Los Comuneros" Santander Colombia 2021.

Dirigió el Ciclo de Literatura, en Unilatina International College 2009-2010.

Sus trabajos escultóricos en lámina metálica, técnica orimetal (origami metálico), desarrollados a partir de la búsqueda de nuevas expresiones del lenguaje poético, abordan temas de preocupación social, y han sido expuestos en centros culturales y diferentes galerías del sur de la Florida. Entre sus colecciones se destacan: *Metal Dreams*, y *Tributo a la infancia siglo XX* .

Email: jjpalomino572@hotmail.com

PILAR VÉLEZ. Santa Rosa de Cabal, 1970. Economista, Máster en Administración de Negocios (Nova Southeastern University, EE. UU.), Máster en Escritura creativa (Universidad de Salamanca, España). Su temprana infancia transcurrió en algún lugar remoto del departamento del César y su adolescencia en la ciudad de Cali. En 1998 fijó su residencia en Miami, Florida.

Presidenta de Hispanic Heritage Literature Organization/Milibrohispano.org. Directora de la editorial Snow Fountain Press y Miembro colaborador de la Academia Norteamericana de la Lengua Española (ANLE).

Varias de sus obras en los géneros de novela, poesía y literatura infantil y juvenil han sido premiadas en el International Latino Book Awards, el Purple Dragonfly, el Reader's Favorite y el Instituto de Cultura Peruana, entre ellas: *El Expreso del Sol, Soles Manchados, Pas de Deux: Relatos y Poemas en escena, Carta a mis sueños para el planeta Tierra, Laura y el mago del cielo, Un regalo para Laura, Piquito: caído del cielo y Anita and el dulce de leche de la abuela.* Su trabajo ha sido incluido en varias antologías, entre ellas: *Voces de América, Equilibrios Contrarios: Tributo a Federico García Lorca. 20 Narradores colombianos en USA. Aquí [Ellas] en Miami. La floresta interminable. Poetas de Miami, A Miami Poetry Collection.* Durante los últimos años ha escrito literatura infantil y juvenil enfocada en el patrimonio cultural y natural, los valores y el desarrollo sostenible.

Entre los reconocimientos a su labor cultural se destacan: Orden Mérito a la Democracia en el Grado de Comendador. Condecoración otorgada por el Senado de la

República de Colombia. El Premio Nacional de la Comunicación y el Periodismo Alfonso López Michelsen (Colombia, 2017) y en Isabela, Islas Galápagos, Ecuador, le fue dedicada la primera biblioteca ecológica. Electa presidenta del XII Encuentro Internacional de Escritoras Marjory Stoneman Douglas Estados Unidos, 2016. Trabaja en múltiples proyectos en pro de la difusión de la cultura hispana y la preservación del medio ambiente.

Email: Pilarv.@milibrohispano.org

JANIEL HUMBERTO PEMBERTY. Medellín, 1953. Cuentista, novelista y poeta. Realizó estudios de español y literatura, corrección de textos y cursos de teatro en la Universidad de Antioquia y el Taller de Artes de Medellín. Emigró de Colombia en 2003.

Ha publicado dos libros de relatos: *Fuga en sol menor para cuarteto imperfecto y otros cuentos* (volumen de 10 historias de ficción, Los Lares, Medellín, 2007); *El ocaso de los enemigos y otros cuentos* (volumen de 12 historias oníricas, situadas entre la vigilia y el sueño, Fundación Memoria Cultural, 2018); y dos novelas: *La música del olvido,* una mirada al desplazamiento forzado infantil, seleccionada entre las diez finalistas al Premio Planeta de Novela 2008 (Editorial Book&Bilias, 2012); y *Niño de agua y las mariposas,* (Palabra Libre, 2020). Esta novela de aliento ambientalista fue nominada a libro infantil del año 2021, por el Banco del libro, y partícipe en la Feria del libro infantil y juvenil en 2020 y 2021, así como en la FILBO 2021 y 2022, y la Feria del Libro de Medellín en 2021.

Tiene dos novelas inéditas: *Embrujo,* romántico-erótica, y *Fronteras sin corazón,* sobre la migración ilegal centroamericana hacia Estados Unidos. Un libro de diez ficciones titulado *Lagartija,* una noveleta infantil titulada *Julián Centella ruiseñor de las cigüeñas* y un poemario: *Balada breve a la ínfima vida.*

Participó en el recital poético "Hombres de palabra" en el Consulado de Colombia en Miami (2007), en la Feria Internacional del Libro de México-FILEM 2015, en la Feria Internacional del Libro Colombia en Miami 2018, en la Primera Feria del Libro de Punta Cana, Republica

Dominicana 2019, y en la Fiesta del Libro de Medellín en 2021.

    Es director del Comité Editorial de la *Fundación Memoria Cultural*. Reside en Miami, Florida, donde alterna trabajos extraliterarios con su pasión por la escritura. Se desempeña también como corrector de publicaciones y como asesor literario y de escritura creativa.

    Email: pemjim@hotmail.com

CONSUELO HERNÁNDEZ. El Peñol, Antioquia, 1952. Poetisa colombo-estadounidense. Emigró de Colombia en 1977. Su vocación de viajera desde muy joven la ha llevado por más de 30 países. Ha vivido en Venezuela, Perú y Puerto Rico. Desde 1987 reside en Estados Unidos. Es Doctora en Literatura Latinoamericana de New York University. Obtuvo la Maestría en la Universidad Simón Bolívar en Caracas y la Licenciatura en la Universidad de Antioquia en Medellín.

Ha publicado los siguientes poemarios: *Wake of Chance / Estela del azar* (2021), *Mi reino sin orillas* (2016), *Poemas de escombros / Poems from Debris and Ashes* (2006), *Manual de peregrina* (2003), *Solo de violín. Poemario para músicos y pintores* (1997), *Voces de la soledad* (1982) y en 2018, en El Salvador, una corta colección titulada *El tren de la muerte*. Sus libros de crítica: *Álvaro Mutis: Una estética del deterioro*, prologado por el propio Mutis, recibió premio de Honor en New York University, y *Voces y Perspectivas en la Poesía latinoamericana del siglo XX*, fue publicado por la editorial Visor. Ambos se han constituido en textos de obligada consulta para los especialistas e interesados en la poesía latinoamericana. Además, tiene publicados más de 50 artículos en revistas profesionales y en periódicos tales como *El Diario* de Nueva York, *El Nacional* de Venezuela, y *La Jornada* de México.

Su poesía y sus conferencias sobre Octavio Paz y César Vallejo han sido filmadas y grabadas por la Biblioteca del Congreso en Washington DC. Ha sido incluida en antologías en Europa, Canadá, Estados Unidos, Irak y

Latinoamérica, y traducida al árabe, inglés, italiano y portugués.

Ha recibido varias distinciones. Entre ellas Premio Antonio Machado de Poesía en España con *Polifonía sobre rieles*; The National Endowment for Humanities Fellowship. Finalista del concurso Internacional de poesía "Ciudad Melilla" en España y del concurso "Letras de Oro" de la Universidad de Miami, en Estados Unidos. Premio "James Street Prize" al mejor artículo publicado en *Latin American Essays*.

Email: chernandez105@hotmail.com

ELVIRA SÁNCHEZ-BLAKE. Bogotá, 1958. Periodista, académica y escritora. Profesora retirada de la Universidad de Michigan State, East Lansing, Michigan. Emigró de Colombia en 1985.

Obtuvo el grado Comunicadora Social Periodista de la Universidad Javeriana de Bogotá (1984). Trabajó como periodista en la oficina de prensa de la presidencia de Colombia por varios años. Posteriormente obtuvo una maestría y doctorado en Literatura Latinoamericana en la Universidad de Cornell (Ithaca, NY). Ha sido profesora de español, literatura y estudios culturales en Cornell University y en Michigan State University. En el año 2015 obtuvo una beca de la Comisión Fulbright para realizar investigación en Colombia con el proyecto "Camino a la paz: repertorios simbólicos de las mujeres en el conflicto colombiano". Durante este tiempo se desempeñó como profesora invitada de la Facultad de Humanidades de la Universidad del Valle.

Entre sus publicaciones se cuentan *Suma Paz: La utopía de Mario Calderón y Elsa Alvarado* (Icono y Memoria Cultural, 2021), ganadora de la Gold Medal, Latino Book Award en la categoría de mejor biografía. La novela *Espiral de silencios* fue publicada originalmente en 2009 y republicada por Memoria Cultural en el 2020. Este libro ha sido traducido al inglés como *Spiral of Silence* (Curbstone Books, 2019). Otras obras de tipo ensayo académico incluyen *Patria se escribe con sangre* (Anthropos, 2000) y *Latin American Women and the Literature of Madness,* (McFarland, 2015). Es autora de numerosos ensayos y artículos sobre literatura del conflicto y los procesos de paz publicados en revistas y libros académicos.

Su producción creativa aparece en colecciones de cuentos y sus obras de teatro han sido presentadas en diversos foros y escenarios. Ha sido directora de la *Revista de Estudios Colombianos*, de la Asociación de Colombianistas y colabora periódicamente en revistas académicas y literarias. Actualmente colabora con la *Fundación Memoria Cultural* y es la editora de la sección creativa de la revista académica *Latin American Literary Review*.

Email: elvirasanchezblake@gmail.com

JULIO C. GARZÓN. Ibagué, 1954. Es educador retirado del sistema escolar de Nueva York y vive en Florida, Estados Unidos. En su juventud vivió en Pereira donde ejerció el periodismo gráfico. Fue corresponsal y colaborador de la página editorial del diario *La Tarde*. En la década de los ochenta emigró con su familia al país del norte debido al agravamiento de la situación social y política en Colombia.

Es artista visual y escritor. En 2019 publicó *El último éxodo*, una colección de historias sobre el conflicto armado, la experiencia migratoria en Estados Unidos y el medio ambiente. En el 2021 obtuvo mención de honor en el International Latino Book Awards de Los Ángeles. Ha publicado en revistas como *La Nota Latina*, *Poetas y Escritores de Miami*, *Trazos* de Miami, *Literatura Visión*, *La Prensa*, *Visión* y *Queens Latino* de Nueva York, la revista *Latino Cultural* de Seattle y el diario *La Tarde* de Colombia. Prepara actualmente otro libro de relatos cortos y un poemario.

Obtuvo licenciatura en Bellas Artes, maestría en Artes Visuales del Queens College y un Asociado en fotografía de La Guardia Community College de Nueva York. Expuso fotografía y pintura en el Godwin-Ternbach Art Museum, el Consulado Colombiano y la Exhibición Anual de Maestros de Arte del Lincoln Center, de la misma ciudad.

Las siguientes antologías incluyeron su obra:

Cuento: *Tejiendo Memoria*, Colombia 2021; *Así somos*, Miami 2019; *Del sur al norte: Narrativa y poesía de autores andinos*, Estados Unidos 2016, Melanie Márquez Adams.

Poesía: *Guajira Mágica*: Colombia 2022, Fundación Teichon; *Once vuelos de libertad*, Estados Unidos 2021; Letras Íntimas: Argentina 2020.

Es miembro de Hispanic Heritage Literature Organization/ Mi Libro Hispano y fundador de la Tertulia de escritores de Miramar, Florida, (2018), y del Taller de Escritores Palabreros (2020). Desde el 2019 es canciller de la ANLMI, Academia Norteamericana de Literatura Moderna Internacional, y es miembro de la Comisión de Cultura de la ciudad de Pembroke Pines.

Email: juliogarzon54@gmail.com

Esta edición: LA PATRIA QUE NOS DUELE

De los Autores:
© Luis Carlos Fallon
© John Jairo Palomino Lozano
© Pilar Vélez
© Janiel Humberto Pemberty
© Consuelo Hernández
© Elvira Sánchez-Blake
© Julio C. Garzón

Pertenece a: Colección de Autores Hispanos

Publicada por:
Fundación Memoria Cultural
Primera edición - Septiembre 2022

Impreso en los Estados Unidos
Hallandale Beach, Florida - USA
www.MemoriaCultural.org

Copyright 2022

Fundación
M
Memoria Cultural

Made in United States
Orlando, FL
13 July 2024